KB209991

Rainbow series
the YELLOW

the YELLOW
신남 여행

김숙현 박진하 정철훈

무조건 지금 떠나는 개인 취향 여행
Rainbow series

여가로운삶

프롤로그

011

#00
한 걸음 더
신나게

012

#01
가상현실
서울

014

#02
경비행기
경기 화성

020

#03
국궁
충북 제천

026

#04
네트어드벤처
충남 홍성

032

#05
대관람차
인천

038

#06
루지
인천 강화

044

바지
경기 가평

050

번지점프
경기 가평

056

사격
경북 문경

062

서바이벌
강원 홍천

068

서핑(바다)
강원 양양

074

서핑(인공)
경기 시흥

080

수륙양용차
강원 양양

086

스노클링
제주 서귀포

092

#15
스카이글라이더
강원 동해

098

#16
스카이다이빙(실내)
경기 용인

104

#17
스카이워크
충북 단양

110

#18
스쿠버다이빙(실내)
경기 가평

116

#19
승마
전북 장수

122

#20
열기구
충남 부여

128

#21
요트
인천

134

#22
잔도
강원 철원

140

제트보트
제주 서귀포

146

집라인
전북 군산

152

출렁다리
강원 원주

158

카누
강원 춘천

164

카레이싱
강원 인제

170

카트
제주 제주

176

케이블카(산)
강원 춘천

182

케이블카(해상)
전남 목포

188

#31
클라이밍(실내)
서울
194

#32
패러글라이딩
경기 양평
200

#33
항공우주
서울
206

(에필로그)
212

the YELLOW •
33곳의 신나는 액티비티 여행지

after YELLOW •
신나게 즐기고 가 볼 만한 여행지

also YELLOW •
다른 지역의 신나는 장소

QR 코드
메인 장소의 전용 홈페이지 또는 지역 문화 관광 홈페이지
(관련 홈페이지나 온라인 정보가 없는 곳은 네이버 지도로 연결)

두근두근
신나는 여행 앞에
안전은 늘 최우선

두려움은 피해야 하는 것이 아닌
바로 마주해야 하는 것

그럼에도
때로 눈감고 돌아서는 것을 어려워하지 않길
부끄러워하지 않길
한계를 확인하고 뒤돌아서는 것이
때로 더욱더 용기 있는 일임을

그럼에도 분명한 건
바로 마주해야 알 수 있다는 것

신나는 여행이
우리에게 주는
황금빛 태양 같은 가르침

준비된 자
넘어설 자
돌아갈 자

신나는 마음 품고
만에 하나까지 안전하게

the YELLOW 신남 여행과 함께

안전하게 즐길수록 더욱더 신나는 여행!
신나기 전, 안전에 관해
우리 지금 진지하게 강조합니다!

하나, 여행지의 안전 관계 기관은 미리 확인합니다!

액티비티 체험 여행지의 소방서, 경찰서, 병원 등의 위치와 연락처를 반드시 사전에 확인하고 숙지합니다. 위급상황 발생 시 대처할 여러 방안을 마련해 봅니다. 체험하고자 하는 액티비티를 분명히 밝히고 여행자 보험에 가입하도록 합니다. 함께 여행하지 않는 지인들에게 여행 일정을 미리 알리는 것도 필요합니다.

하나, 업체 선정 시 안전부터 확인합니다!

각 액티비티는 그에 맞는 안전시설과 장비를 갖춰야 운영이 가능합니다. 인터넷에서 얻은 정보만을 믿지 말고, 사전 전화 또는 방문을 통해 정확히 파악하는 것이 필요합니다. 업체가 있는 지역의 지자체에 합법적인 공식 등록 업체인지를 확인하는 것도 방법입니다.

하나, 선택 기준에서 가격은 빼야 합니다!

같은 액티비티는 평균적인 체험 가격이 있습니다. 다른 업체에 비해 과하게 저렴하거나 비싸다면 보다 면밀하고 차근히 따져 봐야 합니다. 안전에는 돈을 아끼지 말아야 합니다.

하나, 직원은 나의 보호자입니다!

직원의 안전 숙련도를 꼭 확인합니다. 체험 전중후에 직원의 말을 잘 따라야 합니다. 직원의 말은 부탁이 아닌 지시입니다. 우리의 안전을 책임지고 있기 때문입니다. 직원이 보고 있을 때는 물론 안 보고 있을 때도 위험한 행동은 금지입니다. 아주 가벼운 장난도 하지 말아야 합니다.

하나, 여행지의 당일 날씨를 따릅니다!

여행 계획에 따라 어렵게 예약하고 날짜를 잡았다고 해도 여행 당일 현지 날씨가 예상과 달리 좋지 않다면 과감하게 포기합니다. 만에 하나는 나를 비껴가지 않습니다. 나 스스로 피해 가야 합니다. 날씨의 조짐이 이상하다면 안전요원이 괜찮다고 해도 고민해 봅니다. 결정의 책임은 자신의 몫이라는 것을 기억합니다.

하나, 나이와 체력을 과신하지 말아야 합니다!

체험 가능 연령과 신체 조건에 속한다 하더라도 신중해야 합니다. 평소 생각했던 나이에 맞는 체력이 아닐 수도 있습니다. 갑작스러운 활동에 신체 반응이 달라질 수 있습니다. 몸 풀기 운동이 필요하지 않은 테마라 하더라도 준비운동이 필요합니다. 특히 아이와 어르신은 스스로 과신하지 않아야 하며, 옆에서도 과하게 부추기거나 강요하지 말아야 합니다. 일행이 한다고 무조건 따라 하는 것도 금물입니다.

서울
스마트 스포츠 체험관

첨단 기술로 스마트하게 오늘도 운동 완료!
스~ 오. 운. 완.

#기술과운동사이 #오늘도운동완료 #신나게운동 #스마트하게놀면서
#가상현실이현실이지

· Info ·

주소 서울 송파구 올림픽로 448 지하1층 | 문의 0507-1373-1595
운영시간 10:30~18:00 | 휴관 매주 월, 화
이용료 어린이 6,000원, 중학생 7,000원, 고등학생 이상 8,000원
할인 20인 이상 단체 할인, 올림픽파크텔 투숙객 할인, 36개월 미만 무료
홈페이지 없음

· 스마트 스포츠 체험관 ·

(네이버지도)

· 안전하게 ·

6세 이상부터 이용 가능
초등학생은 보호자 동반 필수

스마트 스포츠 체험관은 가상현실(VR)과 증강현실(AR)을 활용하여 다양한 스포츠 종목을 체험할 수 있는 체험관이다. 쉽게 설명하면 첨단 기술을 활용해 지루한 운동을 보다 쉽고 재미있게 체험할 수 있는 공간이다. 축구, 농구, 컬링, 복싱, 트램펄린 등 총 8가지 테마로 구성했다. 1일 5회 운영하며 방문 전 온라인 사전 예약이 필수다. 원하는 방문 날짜와 시간을 선택하고 이용료는 현장에서 결제한다. 예약 시간에 맞춰 체험관 내부로 들어서면 화려한 조명과 거대한 스크린을 마주한다. 마치 미래도시에 온 듯하다. 체험 순서는 따로 없다. 비어 있는 공간부터 체험을 즐기면 된다. 단, 다음 체험자를 위해 한 번씩만 이용 가능하다. 회차당 20명까지 제한 인원을 두어 북적이지 않고 여유롭다.

'멀티 스포츠 체험존'은 가상의 증강된 환경 안에서 4가지 구기 종목을 체험할 수 있는 구역이다. 축구, 농구, 피구, 배구 중 원하는 종목을 선택하면 스크린에 스포츠 경기장이 등장한다. 목표물을 향해 공을 던지면 터치 센서가 인식해 득점이 인정된다. 실감 나는 분위기와 섬세한 센서 인식은 체험자의 몰입감을 높인다.

'비트 복싱'은 복싱에 리듬 게임을 접목시킨 스포츠다. 스크린 속 블록이 내려오면 박자에 맞춰 펀칭 패드를 타격해 점수를 얻는 게임이다. 음악이 더해져 더욱 신나게 운동을 즐길 수 있다. 상체 근력도 기르고 박자 감각도 키우는 일거양득 체험이다.

'스마트 런 & 워크존'에는 무동력 트레드밀이 설치돼 있다. 무동력 트레드밀은 모터의 힘으로 움직이는 일반 트레드밀과 다르게 체험자가 직접 발로 벨트를 밀어서 움직여야 한다. 보폭을 좁게 하면 천천히 돌아가고 보폭

을 넓게 하면 빠르게 돌아간다. 스크린에는 가상의 아바타가 체험자의 뛰
는 속도에 맞춰 달리는 장면이 연출된다. 여러 명이 함께 뛰는 달리기 시합
도 가능하다.

그 밖에도 사격, 컬링 등 다양한 스포츠 분야가 있다. 모두 소개하면 흥
미가 떨어지니 직접 방문해서 구석구석 체험해 보길 바란다. 가상 환경 속
운동이라고 해서 만만히 보면 안 된다. 체력 소모가 은근히 크다. 입구에 정
수기가 마련돼 있으니 중간중간 수분 섭취를 하며 체험하기를 권장한다.

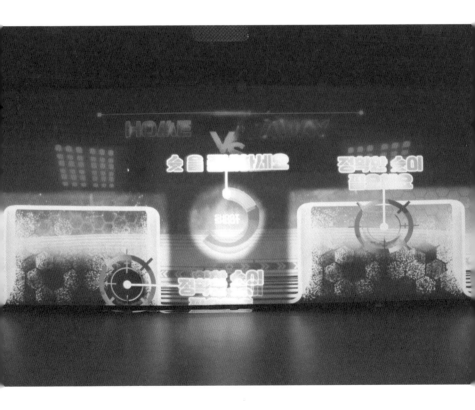

올림픽 공원

엎어지면 코 닿을 거리에 올림픽 공원이 자리한다. 올림픽 공원은 너른 대지 위에 지어진 도심 공원이다. 공원 곳곳에는 올림픽 기념 조형물과 야외 조각 작품들이 있어 둘러보는 재미가 쏠쏠하다. 산책로를 따라 이동하면 잔디밭에 홀로 서 있는 나무를 발견할 수 있다. 올림픽 공원의 대표 포토 존인 '나홀로나무'다. 스마트 운동을 즐긴 후 그림 같은 나무 그늘 아래에서 피크닉을 즐겨 보자.

주소 서울 송파구 올림픽로 424 | **문의** 02-410-1114 | **입장료** 무료

속초 | 뮤지엄 엑스

몰입형 전시를 체험할 수 있는 신개념 전시 공간이다. 4층 규모의 전시관에는 가상현실, 인공지능, 홀로그램 등 최신 기술이 접목된 다양한 체험 시설로 가득하다. 특히 인공지능을 탑재한 로봇이 즉석에서 초상화를 그려 주는 스케치 엑스는 체험 시설 중 가장 많은 호응을 얻고 있다.

주소 강원 속초시 중앙로 338 | **문의** 0507-1469-0396 | **이용료** 22,000원(일반)

정선 | 벅스랜드

정선 구절리역에 위치한 관광지로 움직이는 VR 시스템을 적용한 놀이 시설이다. 무당벌레 모양의 모노레일에 탑승 후 VR 안경을 착용하면 기구가 출발한다. VR 시스템을 통해 신비하고 재미있는 곤충의 세계를 체험할 수 있다. 약 5분간 VR 체험 후 나머지 구간은 주변 경관을 감상하며 탑승을 이어 간다.

주소 강원 정선군 여량면 노추산로 745 | **문의** 033-560-3478 | **이용료** 10,000원(일반)

부안 | 새만금 메타버스 체험관

메타버스 콘텐츠와 가상 융합 기술을 즐기며 체험할 수 있는 곳이다. 주요 시설로는 대형 스크린을 활용한 VR 레이싱, 360도 회전하며 4D 입체 영상을 경험해 볼 수 있는 '자이로VR' 등이 있다. 다양한 체험 활동을 통해 즐거움은 물론 지식을 바탕으로 창의력까지 쌓을 수 있어 아이를 동반한 가족 여행객이 방문하기 좋다. 온라인 예약은 필수고, 회차당 50명의 입장 정원이 있다.

주소 전북 부안군 하서면 신재생에너지로 20-19 | **문의** 063-582-3435 | **이용료** 6,000원(일반)

부여 | 사비도성 가상체험관

2015년 유네스코 세계유산으로 등재된 백제 역사 유적지구 중 부여 지역의 문화재를 접할 수 있는 역사 문화 체험 전시장이다. VR, AR, 홀로그램 등 다채로운 최첨단 기술을 활용한 전시콘텐츠를 관람할 수 있다.

주소 충남 부여군 부여읍 부소로 15 | **문의** 041-830-2930 | **이용료** 1,000원(일반)

경기 화성
하늘누리 비행학교

.

저 높이 날아 푸른 하늘에 닿을 때까지
다양한 코스의 체험 비행
비행 교육으로 단독 비행도 가능

#가볍지않은 #비행경험 #온몸으로 #비행기엔진소리 #나지금하늘위

• info •

주소 경기 화성시 우정읍 평밭길 365 | 문의 010-5270-7250
운영시간 일출~일몰 | 휴관 연중무휴
이용료 제부도 코스 99,000원, 서해 대교 코스 198,000원, 에버랜드 코스 354,000원
(비행기 프로포즈, 적성검사 체험, 경량 항공기 조종사 자격증 취득 등 프로그램별 상이)

• 하늘누리 비행학교 •

• 안전하게 •

비행 전 비행 코스 및 안전 수칙 안내
탑승 후 안전벨트 및 헤드셋 착용
비행 중 계기판 및 조종간 만지지 말 것
비행 중 파일럿의 안내 준수

화성 하늘누리 비행학교는 하늘을 날고 싶다는 꿈을 현실로 이뤄 주는 곳이다. 다양한 코스의 비행 체험과 비행 교육을 진행한다. 국토교통부에서 지정한 경량 항공기 전문 교육기관이며, 경량 항공기 부문 장관상을 받은 이력을 가지고 있다.

사무실에서 비행 코스와 안전 수칙에 대한 설명을 듣고 난 뒤 활주로로 나간다. 이착륙에 필요한 길이는 200m 정도인데 하늘누리 비행학교 활주로는 490m다. 경비행기에는 좌석이 2개로 조종사와 체험자가 함께 탑승한다. 만일에 대비한 낙하산이 설치돼 있고, 비행 승인 확인, 항공기 점검, 기상 체크, 활주로 점검 등 준수사항을 꼼꼼하게 지킨다.

항공기에 올라 안전벨트와 헤드셋을 착용하니 프로펠러가 돌아가며 이륙 준비를 한다. 잔디 활주로를 잠시 내달리다가 어느 순간 비행기가 뜨는 느낌이 든다. 하늘로 솟아오르자 땅이 순식간에 멀어진다. 곧장 아기자기한 궁평항이 나온다. 조금 더 가자 물이 빠져 섬과 연결된 도로가 드러난 제부도가 보인다. 전곡항에서 제부도까지 연결된 해상 케이블카, 길게 늘어선 해변, 그 끝에 선 바위까지 제부도의 생생한 모습을 내려다보고는 남쪽으로 향한다. 입파도와 궁평항 사이를 날아 길게 놓인 방조제에 이르면 비행의 하이라이트가 시작된다. 조종간을 넘겨받기 전 스릴을 맛보는 시간을 먼저 갖는다. 순간적으로 상승했다가 갑자기 뚝 떨어지듯 하강하면서 마치 자이로드롭을 타는 기분을 느낄 수 있다. 순간적으로 비명이 터져 나올 정도로 강렬한 자극이다. 롤러코스터 같은 짜릿함을 느낀 다음은 직접 비행기를 조종해 볼 차례다. 좌석 바로 앞에 있는 작은 핸들을 잡고 조종사의 안내에 따라 몸 쪽으로 당기니 비행기가 위로 상승한다. 핸들을 밀자 아래로 내려가는 게 바로 느껴진다. 좌우로만 방향을 바꾸는 자동차와 달리 비행기는 상하좌우 네 방향으로 움직이는 게 새롭고 신기하다.

미 공군 사격장에서 평화의 공간으로 바뀐 매향리, 주행 트랙이 인상적인 기아자동차 공장, 유소년 야구를 위해 네잎클로버 모양으로 지은 드림파크 등을 여유롭게 감상하고 난 후 활주로로 돌아와 착륙한다. 비행하는 동안 조종사가 기념사진을 찍어 주기도 하고, 체험이 끝난 뒤 활주로와 이착륙하는 비행기를 배경으로 인생 사진을 남길 수도 있다.

기본적인 제부도 코스 외에 서해 대교 코스, 에버랜드 코스, 조종 적성검사(조종 교육 체험), 프러포즈 비행, 여수 공항 X-C 일반인 랜딩 등 비행 상품이 다양하다.

궁평항

하늘에서 내려다보던 것과 어떻게 다른지 확인도 할 겸 궁평항으로 향한다. 비행으로는 불과 1분 거리였는데 자동차로 30분이나 걸린다.

궁평항은 꽤 많은 고깃배가 드나드는 항구로 수산시장이 발달했다. 주말이면 많은 사람이 수도권에서 나들이 겸 식사하러 즐겨 찾는다. 배들이 정박한 포구를 중심으로 양쪽에 방파제가 형성되어 있는데 이 중 왼쪽 방파제에 나무 데크 산책로가 조성되어 바다 풍광을 좀 더 근사하게 즐길 수 있다. 낚시를 할 수 있는 피싱피어까지 마련돼 매력적이다. 주차장 옆으로는 푸드트럭에서 새우튀김, 오징어튀김, 어묵, 핫도그 등 먹거리를 판매한다. 이왕이면 해 질 녘 즈음 찾는 게 좋다. 육지에서 바라보는 궁평항 노을은 무척이나 아름답다.

주소 경기 화성시 서신면 궁평항로 1069-11
문의 031-356-7339(궁평 어촌체험마을 안내소) | **입장료** 무료

also YELLOW •

공주 | 비행마을

유네스코 지정 세계문화유산도시 공주를 하늘에서 감상할 수 있다. 하늘을 나는 짜릿한 즐거움을 통해 일상의 스트레스를 해소할 수 있다. 비행 상품은 비행장 이착륙(5분), 공주 코스(10분), 부여 코스(30분) 등 다양하다. 5세 이상, 체중 100kg 이하 이용 가능.

주소 충남 공주시 의당면 수촌리 943 | **문의** 010-9715-5759
이용료 70,000원(기본 코스)

원주 | 성주항공

치악산, 소금산 출렁다리 등 원주의 유명 관광지와 그림 같은 자연을 감상하기 좋은 비행 체험이다. 문막읍 섬강 옆에 자리한 성주항공은 1995년에 영업을 시작한 곳이다. 오랫동안 체험 비행부터 항공 촬영, 조종사 교육 등을 진행해 오고 있다.

주소 강원 원주시 문막읍 견원로 941-21 | **문의** 010-7340-8563 | **이용료** 70,000원(기본 코스)

담양 | 에어로마스터

비행 교육은 물론, 체험 비행, 항공 촬영, 이벤트 등 다양한 서비스를 제공한다. 특히 비행 교육은 외국의 파일럿 트레이닝 과정을 도입해 1 대 1로 진행한다. 체험 비행에서는 담양호, 메타세콰이어길, 메타프로방스 등 담양의 아름다운 풍경을 감상한다.

주소 전남 담양군 금성면 영산강자전거길 429 | **문의** 061-381-6230 | **이용료** 63,750원(기본 코스 주중)

남원 | K1항공교육원

숙련된 교관과 동행하여 최신식 기종인 에어로프라트 A-32에 탑승해 비행 체험을 즐긴다. 550m의 넓은 활주로를 이륙해 광한루, 춘향테마파크 등 남원 시내를 비행하는 기본 체험 코스는 15분 정도 소요된다. 구례 사성암과 곡성기차마을까지 비행하는 30분 코스, 지리산 천왕봉 50분 코스, 섬진강과 남해 바다는 70분 코스로 비행할 수 있다.

주소 전북 남원시 요천로 2272 | **문의** 010-4655-2145 | **이용료** 65,000원(기본 코스)

영암 | 플라이트케이

영암 미암면에 비행장을 운영 중인 플라이트 케이는 영암과 목포, 신안 지역을 배경으로 비행 체험을 제공하고 있다. 푸른 바다와 너른 들녘을 실컷 감상할 수 있다. 비행 상품에 따라 영암과 목포 앞바다는 물론 신안 천사섬까지 둘러볼 수 있다.

주소 전남 영암군 미암면 신정길 29-236 | **문의** 0507-1385-7031 | **이용료** 70,000원(기본 코스)

충북 제천
수산슬로시티 전통 활쏘기

바람을 극복하는 법
대한민국 3대 전통무예
오늘 나는 주몽의 후예

#당기고 #놓고 #인생도활쏘기처럼 #두눈똑바로뜨고 #과녁을향해

• Info •

주소 충북 제천시 수산면 수산리 25-1 | 문의 033-243-7177
운영시간 09:00~18:00(사전 예약 시 22:00) | 휴무 연중무휴
이용료 10발 3,000원, 20발 5,000원

• 수산슬로시티 •

사람 조준 절대 금지

빈 활시위 당기기 금지

한 타임의 체험자 전원 동시에 활 쏘고, 동시에 활 수거

수산슬로시티협의회가 운영하는 전통 활쏘기 체험은 옥순봉 생태공원 안에 마련된 국궁장에서 진행된다. 시위에 건 살을 당겨 20m 전방의 과녁을 맞히는, 어찌 보면 단순한 체험 같지만 직접 활을 쏘아 보면 그 재미가 보통이 아니다. 수산슬로시티협의회에서는 초보자도 쉽게 활쏘기를 경험할 수 있도록 엄지손가락을 보호하는 깍지를 제공하고 활줌통에 화살을 받치는 걸쇠도 설치했다. 덕분에 초보자들도 활 쏘는 자리인 사대 바닥에 그려 놓은 발의 위치 그리고 활줌통 쥔 팔목의 각도만 잘 맞추면 어렵지 않게 과녁에 화살을 꽂을 수 있다.

국궁은 시위를 잡는 방법이 독특하다. 검지와 중지 사이에 화살을 끼워 시위를 당기는 양궁과 달리, 국궁은 엄지 위에 올린 화살을 나머지 손가락으로 주먹 쥐듯 감싼 뒤 시위를 당긴다. 이때 손등은 하늘 방향. 귀밑까지 힘껏 당긴 시위를 왼쪽으로 살짝 비틀면 보다 안정적인 자세를 유지할 수 있다. 날아가는 화살이 오른쪽으로 치우친다면 그건 열에 아홉 활줌통을 쥔 왼손의 힘이 부족하기 때문이다.

전통 활쏘기 체험에는 우리네 전통 활인 각궁 대신 개량 활을 사용하지만 화살을 표적에 꽂아 넣을 때의 짜릿함은 전문 궁사가 각궁으로 145m 앞 표적을 맞힐 때와 별반 다르지 않다. 전통 각궁은 탄성과 복원력이 뛰어나 200보, 약 240m까지 화살을 날릴 수 있다. 조선시대 무과 시험에는 150보(약 180m) 거리의 과녁을 맞히는 종목이 있었다고. 각궁은 쇠뿔과 대나무, 민어 부레 등을 이용해 만들고, 어떤 일의 맨 처음을 의미하는 '효시'가 전쟁의 시작을 알리기 위해 쏘아 올린 화살의 이름에서 유래했다는 등 체험에 앞서 전해 듣는 전통 활에 얽힌 이야기들도 흥미진진하다. 전통 활쏘기 체험장 뒤편엔 전문 궁사를 위한 활터, '옥순정'이 있다.

수산슬로시티 측백나무 숲

6만 ㎡에 이르는 두무산 측백나무 숲은 우리나라에 있는 자생 측백나무 숲 가운데 규모가 가장 크다. 우리나라 최초의 천연기념물인 대구 도동 측백나무 숲의 2배 정도 된다. 방충효과가 뛰어난 측백나무는 예로부터 집이나 묘지 주변에 많이 심었는데, 소나무와 함께 선비의 절개를 상징하는 나무로 여겨 귀한 대접을 받았다. 측백나무 숲을 만나는 가장 멋진 방법은 단연 걷기다. 옥순봉 생태공원에서 측백나무 숲 전망대까지 1.9km 남짓 이어진 숲길은 굽이굽이 완만하게 이어져 편하게 걸을 수 있다. 숲 초입에는 슬로시티협의회에서 운영하는 슬로시티 홍보관인 '측백숲으로'가 자리한다. 천연비누 만들기, 측백버닝 체험, 측백오일 족욕 등 다양한 프로그램을 운영한다.

주소 충북 제천시 수산면 수산리 25-1 | **문의** 033-243-7177 | **입장료** 무료

also YELLOW •

서산 | 해미읍성

해미읍성은 우리나라 3대 읍성 중 하나다. 해미읍성 안 너른 잔디광장 한편에 국궁 체험장이 마련돼 있다. 국궁 체험장 관리소에서 바로 체험비를 내고 활을 받아 참여할 수 있다. 어른, 어린이, 유치원생을 위한 거리가 다른 세 가지 과녁이 있다.

주소 충남 서산시 해미면 남문2로 143 | **문의** 041-688-3069 | **이용료** 4,000원/10발

서울 | 황학정 국궁전시관

황학정은 일제강점기에 지금의 자리로 옮겨져 현재까지 운영되고 있는 활터 문화재다. 국궁의 역사와 문화를 살펴볼 수 있는 5개의 전시실과 자료실을 갖췄다. 전시관은 화요일부터 일요일까지 운영하며 관람료는 무료. 활쏘기 체험은 매주 금요일 10시부터 오후 2시, 매달 마지막 토요일에는 오후 12시까지 참여할 수 있다.

주소 서울 종로구 사직로 9길 15-32 | **문의** 02-722-1600 | **이용료** 4,000원/10발

수원 | 수원화성 국궁체험

수원화성 앞 연무대는 정조 대왕 시대 군사들이 무예를 연마하고 훈련하던 곳으로 동장대라고도 부른다. 이곳에서 오전 9시 30분부터 오후 5시 30분까지 30분 간격으로 운영하는 국궁체험을 즐길 수 있다. 국궁 체험권은 연무정 앞 연무대 매표소에서 구입할 수 있다.

주소 경기 수원시 팔달구 창룡대로 103번길 8 | **문의** 031-228-2763 | **이용료** 2,000원/10발

영천 | 화랑설화마을

신라 시대 설화를 테마로 꾸민 화랑설화마을은 다양한 역사 문화 전시 공간과 함께 여러 체험 프로그램을 운영한다. 국궁체험은 운영시간 내 30분 간격으로 참여할 수 있다. 하절기와 동절기 마감시간이 다르니 유의하자. 5인 이상은 수시로 체험이 가능하다.

주소 경북 영천시 금호읍 거여로 426-5 | **문의** 054-331-5613 | **이용료** 2,000원/10발

청도 | 신화랑풍류마을

화랑의 정신과 문화를 체험할 수 있는 신화랑풍류마을에는 이름에서도 화랑정신을 엿볼 수 있는 화랑국궁장이 있다. 국궁체험은 주말과 공휴일에만 운영한다. 오후 12시부터 오후 4시까지 30분 간격으로 총 10회, 회당 선착순 10명만 참여 가능하다. 현장 신청만 가능하며 조기 마감될 수 있다.

주소 주소 경북 청도군 운문면 신화랑길 1 | **문의** 054-370-7300 | **이용료** 4,000원/15발

충남 홍성
남당항 네트어드벤처

·

팡팡 튀어 오르는 재미
동심으로 돌아가 마음껏 뒹굴자
뛰고 부대끼며 온몸으로 놀기

#내몸이내몸이아닌 듯 #그물위에서 #점핑 #뒹굴기 #절로나오는웃음

· Info ·

주소 충남 홍성군 서부면 남당항로 171 | 문의 041-633-3088
운영시간 10:00~18:00(매시간별 운영, 마지막 회차 17:00) | 휴관 월요일
체험료 성인 13,000원, 어린이·청소년 10,000원, 홍성군민 성인 6,500원, 어린이·청소년 5,000원
할인 단체(15인 이상) 성인 10,000원, 어린이·청소년 8,000원

· 남당항 네트어드벤처 ·

• 안전하게 •

네트에 매달리지 않기
임산부 및 관절 부상·수술 환자 입장 불가
식음료 반입 불가
담배·라이터 등 화기물 소지 불가
날카로운 장신구 착용 금지
구두/슬리퍼/등산화/맨발/양말 입장 불가

남당항 해양분수공원에 네트어드벤처가 문을 열었다. 시간에 맞춰 음악 분수 쇼가 펼쳐지는 자리 바로 옆이다. 튼튼한 기둥을 여럿 세우고 그 안에 거대한 새 둥지 모양으로 로프를 엮어 만든 놀이시설이다. 어릴 적 추억이 담긴 트램펄린을 생각하면 쉽다. 대형 트램펄린 여러 개가 층층이 큰 기둥에 묶여 있다. 이런 형태의 네트어드벤처를 처음 고안한 사람은 프랑스 작은 섬마을의 어부 겸 요트 선수인 세드릭 쇼바우드(Cedric Chauvaud). 고기잡이할 때 쓰던 그물과 로프 매듭법을 활용해 고안해 냈다고. 규모와 다채로운 색감 때문에 보는 것만으로도 설렘을 주기 충분하다.

네트어드벤처를 즐기는 데 별다른 제약은 없다. 트램펄린을 탈 줄 안다면 누구나 환영이다. 유아존이 따로 마련되어 있어서 어린아이들도 안전하게 놀 수 있다.

매표할 때 대여해 주는 커다란 볼과 함께 네트어드벤처에 들어선다. 이동 통로 역시 네트로 만들어 꿀렁꿀렁 움직인다. 아래층과 위층을 연결하며 빙글빙글 이어진 스파이럴 브릿지, 수직으로 된 터널, 공간과 층을 이어 주는 좁은 통로 워크웨이, 부드럽게 미끄러져 내려가는 슬라이드 등 구성도 다채롭다. 건물 2층·3층 높이에 네트가 묶여 있고 그물 사이로 바닥이 훤히 내려다보인다.

커다란 트램펄린에 몸을 던진다. 네트의 탄성을 즐기며 아래위로 출렁거리고, 점프하고, 우스꽝스럽게 뛰듯이 걷는 등 온몸으로 즐긴다. 공을 던져서 같이 뒹굴기도 하고, 가족·친구들과 손을 잡고 같이 점프한다. 아이들은 수직 터널로 위아래를 다람쥐처럼 오가는 게 재미있다며 계속 반복한다. 뛰면서 바로 옆 분수 쇼도 구경하고, 은빛 물결이 출렁이는 남당항 앞바다도 감상할 수 있다.

1회 입장에 1시간이 주어지는데 어른들은 10여 분이면 녹초가 되지만, 아이들은 1시간이 다 되도록 기운이 넘친다. 한참을 뛰어놀다가 슬라이드를 타고 미끄러져 내려와 단단한 바닥을 디디면 갑자기 다리가 무겁게 느껴진다.

홍성스카이타워

남당항 옆 속동항에 설치한 높이 65m의 초대형 전망대다. 타워 상부의 스카이워크는 둘레 약 66m로 천수만을 내려다보는 시원한 전망을 마음껏 즐길 수 있다. 전망대는 실내 전망대와 야외 스카이워크로 구성된 전망 층과 옥상에 마련된 야외 전망대 2가지로 구성되어 있다. 스카이워크 구간은 모두 유리 바닥과 유리 난간으로 마감되어 아찔한 기분을 선물한다. 옥상 층에 오르면 시원한 바닷바람을 만끽하며 50m 아래를 굽어볼 수 있어 짜릿하다. 타워 남쪽으로 남당항이 보이고, 북쪽은 궁리항, 바다 건너편은 태안 안면도다.

타워 아래 해변을 따라 서해랑길 63번 코스가 이어진다. 타워 옆에는 서해랑 쉼터도 마련돼 있으니 걷다가 잠시 쉬거나 정보를 얻기에 좋다.

주소 충남 홍성군 남당항로 689 | **문의** 041-630-1880
입장료 3,000원(2,000원 홍성상품권 제공)

also YELLOW •

김해 | 가야테마파크 드래곤네트

온 가족이 함께 즐길 수 있는 시설로 120m 길이의 원형 네트 터널, 스카이 트램펄린, 길이 25m의 짜릿한 슬라이드 등으로 구성돼 있다. 기어오르고, 미끄러지고, 점프하고, 뒹구는 등 온몸으로 즐길 수 있다. 1일 7회 운영하며 매회 정시 입장, 45분간 이용한다.

주소 경남 김해시 가야테마길 161 | **문의** 055-340-7900~01
이용료 9,000원(입장권+드래곤네트 11,000원)

수원 | 판타지움 바운스 슈퍼파크

신개념 놀이문화를 추구하는 도심형 실내 스포츠 테마파크다. 놀이 시설은 VR, 집코스터, 타워 점프, 클라이밍이 있는데 이 가운데 대형 트램펄린을 여러 층으로 쌓아 올린 듯한 타워점프가 인상적이다. 신장 110cm 이상, 미끄럼방지 양말 착용(현장 판매), 1회당 2시간 30분 이용 가능.

주소 경기 수원시 영통구 덕영대로 1566 | **문의** 031-8061-8000
이용료 평일 24,000원, 주말 27,000원, 보호자 6,000원

양산 | 네트어드벤처

대운산자연휴양림 안에 마련된 레포츠 시설이다. 유아부터 초등학생까지 이용할 수 있다. 볼파크, 풋브리지, 트램펄린, 네트 슬라이드, 경사 네트 등으로 구성되어 있으며 유아와 초등학생 구역을 나눈 덕분에 안전하게 놀 수 있다.

주소 경남 양산시 탑골길 270 | **문의** 055-379-8670 | **이용료** 무료

진주 | 월아산 산림레포츠단지 네트어드벤처

프랑스 기술자들이 로프를 엮어 만든 산림 레포츠 시설이다. 트램펄린처럼 네트의 탄성을 이용해 뛰어오르는 놀이를 즐길 수 있다. 8개의 방과 연결 통로, 층별 이동 공간, 슬라이드 등 재미 요소가 많다. 1회당 50분씩, 50명이 동시에 입장할 수 있다.

주소 경남 진주시 진성면 달음산로 313 | **문의** 055-746-3674
이용료 어린이 5,000원 청소년·성인 7,000원

청양 | 천장호 출렁다리 에코워크

천장호 입구에서 황룡정까지 네트를 소재로 설치한 어드벤처 시설이다. 네트 워크 코스, 네트 브리지 코스, 네트 타워 코스, 네트 어드벤처브리지 코스 등 177m 구간에 다양한 코스를 구성해 색다른 재미를 준다. 별도의 안전 장비를 착용할 필요 없어 간편하면서도 최대 10m 높이까지 있어 짜릿한 즐거움을 느낄 수 있다.

주소 충남 청양군 정산면 천장호길 24-23 | **문의** 041-940-2494(청양군청 문화체육관광과)
이용료 무료

05 대관람차

인천

문아이(대관람차)

•

로맨틱한 순간 1순위
간이 콩알만 해지는 건
대관람차가 아니라 함께한 당신 때문

#천천히 #그래서좀더무서울수도 #그래도아름답다 #멀리저바다
#조금씩움직이는세상

• info •

주소 인천 중구 월미문화로 81 | **문의** 032-761-0997
운영시간 10:30~20:00(주말 23:00 폐장) | **휴관** 연중무휴
체험료 대관람차(문아이) 대인 9,500원, 소인(12개월~12세) 6,500원
할인 없음
공식 홈페이지 없음

• 문아이(대관람차) •

(네이버 지도)

• 안전하게 •

관람차 내에서 유리에 기대지 말 것
관람차를 흔들거나 안에서 뛰지 말 것
내릴 때는 관람차가 완전히 멈춘 후 내릴 것
초등학생 이하는 보호자와 동반 탑승

월미테마파크는 월미도에 있는 작은 테마파크다. 울타리 없이 열린 공간으로 운영하고 있어 따로 입장료를 낼 필요 없다. 원하는 놀이시설을 탈 때만 티켓을 사면 된다. 여러 개를 이용하고 싶다면 4종 선택권, 5종 선택권 등을 사는 게 유리하다. 성인을 위한 시설로는 대관람차와 바이킹 정도이며 대부분 아이들이 좋아할 만한 것들이다.

대관람차 '문아이(Mooneye)'는 밤에도 탑승할 수 있어 월미도와 인천항 야경을 감상하기에 좋다. 데이트 코스로 계획한다면 노을 질 때나 야경을 볼 수 있는 초저녁 시간대가 좋다. 지상 115m 높이의 대관람차에서 사랑을 고백하면 성공한다는 루머를 믿어 보자.

월미테마파크 건물 옥상에 설치되어 있어 탑승하려면 매표소 옆 엘리베이터를 타고 3층으로 가야 한다. 이용객이 많지 않아 대관람차는 물론 테마파크 내 다른 놀이시설도 대부분 대기 없이 바로 탈 수 있다는 게 큰 장점이다. 티켓을 내고 직원의 안내에 따라 탑승하면 된다. 관람차 하나에 4명이 탑승할 수 있다.

균형을 맞춰야 할 것 같은 기분에 탑승객들은 자연스럽게 양쪽으로 나눠 앉곤 한다. 한쪽에 몰려 앉으면 관람차가 한쪽으로 기우는 느낌이 들기 때문. 처음에는 다소 심심하다. '와~ 올라간다' '생각보다 천천히 움직이네' 싶다가 중간 즈음을 지나면서부터는 생각보다 높아져서 바짝 긴장하게 된다. 괜히 흔들리는 것 같아서 기념사진 찍을 때도 되도록 움직이지 않게 조심하게 된다. 관람차가 제일 높은 정점에 도달할 때는 내적 비명이 새어 나온다. 마침 옆으로 보이는 바이킹에서 마음껏 내지르는 비명이 요란하다.

대관람차 뒤로는 월미바다열차 박물관역과 그 옆으로 한창 공사 중인

국립인천해양박물관이 보인다. 한 가지 팁이 있다면 박물관역 전망대가 대관람차 사진 찍기 좋은 숨은 포토 존이다. 바다 방면으로는 인천항으로 들고 나는 크고 작은 여객선과 고깃배들이 여유로운 풍경을 연출한다.

1883 제물포 개항장

1883년 인천 제물포는 개항 후 서양 근대문물을 받아들이는 창구 역할을 해 왔다. 140여 년의 근대 문화 역사가 서린 개항장 일대를 '1883 제물포 개항장'이라 이름 붙여 기념하고 관광지로 육성하고 있다. 중구청을 중심으로 인천아트플랫폼과 한중문화관 주변이 모두 이에 해당한다. 근대 건축물이 많이 남아 있고, 알전구 등으로 꾸며 낭만적인 거리 풍경을 감상할 수 있다. 개항장 일대를 찾는 여행객을 대상으로 '정시 도보 해설'도 실시한다. 1~3월, 7~8월, 11~12월 토·일요일 오전 11시, 오후 2시에 무료 도보 해설이 진행된다. 코스는 차이나타운 일대와 인천개항박물관 등을 둘러보는 개항장 거리 코스와 한중문화관, 대불호텔, 근대건축 전시관 등을 둘러보는 박물관 코스 등 2개다. 두 코스 모두 월드커뮤니티센터에서 출발하며 1회당 15명씩 방문 혹은 전화 예약을 받아 진행한다.

주소 인천 중구 제물량로 218번길 3 H동 1층 1883개항살롱 | **문의** 032-766-9030
입장료 무료

광주 | 패밀리랜드 빅아이

호남 최고의 테마파크인 패밀리랜드 안에 있는 대관람차다. 최대 높이는 75m, 총 36개 캐빈, 1대당 6인 탑승 가능, 한 번에 15분 정도 걸린다. 1,000원 추가 요금을 내는 시스루 관람차는 바닥이 투명한 마감재로 되어 있지만, 워낙 사용감이 많아 거의 불투명한 상태다.

주소 광주 북구 우치로 677 | 문의 062-607-8000 | 이용료 6,000원

대구 | 스파크랜드 대관람차

스파크랜드는 대구에서 유동 인구가 가장 많은 동성로 안에 있다. 도심 속 작은 테마파크인 스파크랜드의 인기 시설이 대관람차다. 2020년에 개장했으며 화려한 주변의 불빛과 어우러져 멋진 야경을 그려 낸다. 대관람차 캐빈 안에 노래방 기기가 설치돼 있어 노래를 몇 곡 부르다 보면 어느새 제자리로 돌아와 있다.

주소 대구 중구 동성로6길 61 | 문의 053-230-2010 | 이용료 9,000원

사천 | 사천아이

삼천포대교를 바로 앞에 두고 있는 사천 초양도에 위치한 사천아이. 최대 높이 72m로 4인승 캐빈 24대가 운행 중이며 한 바퀴 도는 데 8~9분 정도 소요된다. 대관람차에서 내려다보는 사천 앞바다와 한려수도의 섬들이 빚어낸 풍광이 아름답다. 아라마루 내에 아쿠아리움, 회전목마, 동물원이 있다.

주소 경남 사천시 사천대로 18 | 문의 055-835-5571 | 이용료 7,000원

울산 | 롯데백화점 그랜드휠

울산 그랜드휠은 롯데백화점 7층 위에 있다. 건물 7층에 또 76m가 더해진 높이로 국내 최고 높이를 뽐내는 울산의 랜드마크다. 낮에는 울산 시내 전경, 저녁에는 알록달록한 야경을 감상할 수 있다. 롯데백화점 영플라자 1층에서 매표하고, 탑승은 7층에서 한다. 탑승 시간은 20분 안팎.

주소 울산 남구 삼산로 288 | 문의 1577-0001 | 이용료 6,000원

전주 | 드림랜드 대관람차

1978년에 개장한 전주동물원 내에 있는 드림랜드는 전주 시민들의 추억의 장소다. 청룡열차, 바이킹, 귀신의 집 등 11개 놀이시설 중 대관람차가 있다. 하나당 4명씩 탈 수 있는 캐빈이 총 20개, 캐빈에 앉아 동물원 전경과 주위를 둘러싼 숲을 조망할 수 있다.

주소 전북 전주시 덕진구 소리로 68 | 문의 063-281-6759 | 이용료 3,000원

인천 강화
강화루지

·

중력에 과감히 몸을 맡겨라!
속도감은 기본, 짜릿한 코너링까지
루지의 쾌감! 케이블카는 덤!

#엔진없음 #지구의힘뿐 #실제속도보다빠른체감 #코너돌때주의
#루지타고케이블카로마무리

· Info ·

주소 인천 강화군 길상면 장흥로 217 | **문의** 032-930-9000
운영시간 09:00~20:00(토·일, 공휴일) 09:00~18:00(주중) | **휴무** 연중무휴
이용료 루지+케이블카 1회 19,000원, 루지+케이블카 2회 31,000원, 루지+케이블카 3회 38,000원,
루지+케이블카 4회 50,000원
할인 제휴 할인(홈페이지 참조)

· 강화루지 ·

· 안전하게 ·

과속 및 무리한 추월 금지
안전거리 확보 필수
한 손 주행 절대 금지
커브 길 절대 감속

루지는 무동력 카트를 타고 경사지를 내려오는 신개념 레포츠다. '무동력 바퀴 썰매'라고도 부르는 루지는 동명인 동계올림픽 종목에서 아이디어를 얻어 개발됐다. 짜릿한 속도감에 코너링의 재미까지 더해져 마니아가 생길 만큼 인기가 많다.

강화루지는 강화 씨사이드 리조트에 있다. 루지카트가 출발하는 길상산(해발 374m) 정상까지는 케이블카를 타고 이동한다. 케이블카 탑승에 앞서 안전모 착용은 필수. 루지는 10세 이상, 키 120cm 이상이면 누구나 탑승할 수 있다. 안전모도 특소에서 특대까지, 5가지 크기로 준비돼 있다. 빨강, 파랑, 주황 등 색상도 가지가지. 영유아는 보호자(19세 이상 성인)의 책임하에 동반탑승이 가능하다. 반려동물과 함께 루지카트에 탈 수는 없지만, 캐리어 또는 유모차를 이용할 경우 케이블카 탑승은 가능하다. 강화루지에서는 케이블카 탑승권을 별도로 판매한다.

강화루지 트랙은 '밸리코스'와 '오션코스'로 나뉜다. 급경사와 곡선 구간이 많은 밸리코스의 난도가 오션코스보다 조금 높은 편. 360° 회전하며 터널을 지나는 구간은 밸리코스의 백미. 초보자는 오션코스를 경험한 뒤 밸리코스에 도전하길 권한다. 두 코스의 거리는 모두 1.8km로 같다. 밸리코스와 오션코스는 출발선 10m 앞에서 양쪽으로 방향이 갈린다.

루지카트 조작법은 간단하다. 눈썰매를 닮은 몸체에 핸들이 달린 루지카트는 자전거처럼 핸들을 이용해 방향을 조절한다. 다만, 핸들을 몸 쪽으로 당겨 브레이크를 작동시키는 방식이 조금 낯선데, 금방 익숙해지니 걱정할 필요는 없다.

루지카트가 출발하는 길상산 정상에 우뚝 선 회전전망대는 강화 씨사이드 리조트의 랜드마크다. 2층은 야외전망대, 3층은 바닥이 시계방향으로 이동하는 회전전망대로 꾸며져 있다. 향긋한 커피 한 잔 마시며 편안히 앉아 강화의 풍경을 파노라마 영화처럼 감상할 수 있는 회전전망대는 한 바퀴 돌아 제자리로 돌아오는 데 1시간 정도 소요된다.

강화역사박물관 & 강화자연사박물관

강화역사박물관은 선사시대부터 근대에 이르는 강화의 역사를 다양한 전시물로 소개하는 공간이다. 주먹도끼, 돌화살촉 등 강화에서 출토된 실물 유물뿐 아니라 고인돌 제작 과장과 광성보 전투를 디오라마로 재현한 전시물이 있어 아이들도 흥미롭게 관람할 수 있다. 강화역사박물관 옆에 자리한 강화자연사박물관은 지구를 구성하는 광물과 생물을 주제로 전시 공간을 꾸몄다. 강화자연사박물관 1층 로비에 전시된 향유고래 실물 골격은 2009년 강화 볼음도에 좌초한 향유고래를 해체·건조해 제작했다. 박물관에서는 어린이들을 위해 AR 디바이스를 무료로 대여해 준다. 강화 지석묘(사적)를 포함해 모두 14기의 지석묘가 모여 있는 고인돌공원도 놓치지 말 것. 강화역사박물관 입장권으로 자연사박물관까지 함께 돌아볼 수 있다.

주소 인천 강화군 하점면 강화대로 994-19 | **문의** 032-934-7887 | **입장료** 3,000원(성인)

부산 | 스카이라인 루지
낮과 밤 모두 즐길 수 있는 4가지 트랙이 마련돼 있다. 4개 트랙 총 연장 길이는 2.4km. 루지 외에 하이플라이라 부르는 집트랙도 즐길 수 있다. 이용료는 탑승 횟수에 따라 31,350~59,850원이다.

주소 부산 기장군 기장읍 기장해안로 205 | **문의** 051-722-6002

여수 | 챌린지파크 루지
900~1,200m까지 4개 트랙을 갖췄다. 모든 코스에서 여수의 아름다운 바다 풍경을 감상할 수 있다. 루지카트 출발지를 오가는 스위스 감성의 캐빈형 케이블카도 매력적이다. 이용료는 탑승 횟수에 따라 27,000~36,000원이다.

주소 전남 여수시 화양면 챌린지파크길 1 | **문의** 1533-1919

통영 | 스카이라인 루지
국내 최초로 선보인 루지다. 4개 트랙 총 연장 길이는 3.8km. 루지카트 출발점까지는 리프트를 타고 이동한다. 키 150cm 이상이면 누구나 탑승 가능하다. 이용료는 탑승 횟수에 따라 30,400~35,150원이다.

주소 경남 통영시 발개로 178 | **문의** 1522-2468

평창 | 휘닉스평창 루지랜드
평창의 멋진 산세를 감상하며 루지를 즐길 수 있다. 19개의 곡선 구간으로 이뤄진 총 길이 1.4km의 단일 트랙을 운영한다. 모든 곡선 구간에 안전장치를 설치했다. 이용료는 탑승 횟수에 따라 17,000~35,000원이다.

주소 강원 평창군 봉평면 태기로 174 | **문의** 033-330-6818

경기 가평
테라비즈마린

.

청평호 따라 더위사냥 나서 볼까!
불볕더위 확 날려 줄 땅콩보트
더우면 물속으로 풍덩 빠져도 좋아

#호수의시원함 #호수의짜릿함 #물위를뛰며 #뒤뚱웃김 #창피할땐물속으로

• info •

주소 경기 가평군 가평읍 달전리 145-1 | 문의 0507-1405-1328
운영시간 08:00~23:00 | 휴관 동절기 휴무
이용료 BIG3 이용권 40,000원, 워터파크 4시간 이용권 15,000원
할인 없음

• 테라비즈마린 •

• 안전하게 •

입수 전 준비운동 철저히
구명조끼, 헬멧 필수 착용
슬리퍼 착용 불가
음주 후 물놀이 행위 금지
14세 미만은 보호자와 동반 탑승 가능

청평호는 1943년 청평댐이 완공되며 조성된 인공호수다. 청평호 주변으로는 수상 스포츠를 체험할 수 있는 바지(일명 빠지)가 즐비하다. 바지란 소형 화물선을 의미하는 영단어 'Barge'에서 유래됐다. 강 위에 둥둥 떠 있는 구조물이 마치 화물선과 비슷하다고 하여 붙은 이름이다. 지나가다 마음에 드는 곳을 골라 현장에서 바로 이용해도 되지만 미리 알아보고 예약하는 게 조금 더 저렴하다.

바지 업체를 선택할 때는 '얼마나 다양한 놀이기구를 갖추고 있는지?'가 중요하다. 놀이기구 종류에 따라 짜릿함이 달라지기 때문이다. 남이섬 인근에 위치한 '테라비즈마린'은 땅콩보트, 플라이피시, 와플보트 등 20여 종의 수상 놀이기구를 갖추고 있다. 수상 레포츠의 종합 선물 세트라 해도 과언이 아닐 정도다. 여러 놀이기구 중 3~5개만 선택하여 이용할 수 있는 '단품 이용권'과 횟수, 종류 제한 없이 탑승할 수 있는 '무제한 이용권'이 있다. 다양한 짜릿함을 느껴 보고 싶다면 무제한 이용권 구입을 추천한다.

물놀이 준비물로는 수영복, 수건, 샤워 도구, 선크림, 아쿠아 양말 등이 있다. 놀이기구 탑승 시 기구에 피부가 쓸리는 화상의 위험이 있으므로 긴소매 수영복을 준비하는 것이 좋다. 매표소에서 예약 확인을 하고 탈의실에서 수영복으로 갈아입고 나오면 물놀이 준비는 끝난다.

놀이기구 이용 방법은 간단하다. 탑승하고 싶은 기구 앞에 줄을 서면 직원이 순서에 맞춰 탑승을 돕는다. 특별한 교육이나 기술은 필요 없다. 직원의 안내에 따라 구명조끼를 입은 후 그저 즐기기만 하면 된다.

땅콩 모양의 땅콩보트는 모터보트가 끌어 주는 힘으로 수면 위를 활주한다. 모터보트가 시속 40km로 내달리면 뒤따라가는 땅콩보트가 통통 팅

기며 물살을 가른다. 당연히 체감 속도는 더 빠르다. 시원한 물줄기를 가르는 기분이 상쾌하다. 이내 모터보트가 이리저리 방향을 틀자 땅콩보트가 프라이팬에 볶이는 땅콩처럼 요동을 친다. 체험자는 보트 밖으로 튀어 나갈 것 같은 느낌을 받는다. 극도의 스릴감이다. 손잡이를 꽉 잡고 있으면 아무 문제 없으니 걱정하지 않아도 된다. 하지만 물에 빠지지 않으려고 너무 애쓸 필요는 없다. 오히려 시원한 강물에 빠지는 것이 땅콩 보트의 묘미다.

플라이피시는 평평하고 납작한 고무보트에 두 사람이 하늘을 향해 눕는다. 땅콩보트와 마찬가지로 모터보트에 연결된다. 다만 땅콩보트와 다른 점은 공중으로 떠오른다는 점이다. 가속도가 붙을수록 공기저항이 생겨 최고 3m까지 떠오르게 된다. 취향에 따라 앉거나 엎드려 탈 수도 있다. 어떤 자세로 타든 안전이 최우선이다. 어린이가 탑승하는 경우 모터보트의 속도를 줄여 떠오르는 정도를 조절할 수 있다.

바지의 다양한 부대시설은 지루하거나 쉴 틈을 주지 않는다. 놀이기구 체험 후에는 워터파크에서 미끄럼틀, 트램펄린 등을 이용할 수 있다. 물놀이 후 출출하다면 접수처 옆에 있는 매점을 이용하자. 컵라면, 떡볶이 등 맛있는 간식이 기다린다.

쁘띠프랑스

청평댐에서 남이섬 방향으로 이동하다 보면 왼쪽 언덕에 이국적인 건축물이 옹기종기 모여 있는 풍경을 발견할 수 있다. 지중해 연안의 마을 같기도 한 이곳은 프랑스 문화마을 쁘띠프랑스다. 쁘띠프랑스는 '작은 프랑스'라는 뜻으로 프랑스의 의식주 문화를 체험할 수 있는 테마 공원이다. 주요 시설로는 <어린왕자>의 작가 생텍쥐페리의 일생과 작품 세계를 엿볼 수 있는 '생텍쥐페리 기념관', 프랑스 현지에서 수집한 오르골을 만날 수 있는 '오르골 하우스', 150년 된 프랑스 고택을 현지에서 통째로 옮겨 온 '프랑스전통주택전시관' 등이 있다. 야외극장에서는 매일 서커스 마임 쇼가 열려 볼거리를 더한다.

주소 경기 가평군 청평면 호반로 1063 | **문의** 031-584-8200 | **입장료** 11,500원(성인)

가평 | 캠프통 포레스트 수상레저

초대형 바지선을 비롯해 6,600㎡(2,000평) 규모의 수상 워터파크로 구성된다. 그 외에도 카페, 펜션, 미술관, 바비큐장 등 다양한 시설을 두루 갖추고 있어 1박 2일로 방문하기 좋은 곳이다.

주소 경기 가평군 설악면 자잠로 377 | **문의** 0507-1427-6002 | **이용료** 38,900원(입장권+놀이기구 3종 패키지)

거제 | 세븐워터파크

거제의 부속 섬인 칠천도에 위치한 바지다. 섬으로 둘러싸여 있는 독특한 지형 덕분에 큰 너울이 없어 각종 수상레저를 즐길 수 있다. 대표 체험은 웨이크 서핑이다. 체계적인 강습을 받을 수 있어 초보자도 체험이 가능하다. 서핑 후에는 워터파크로 이동해 미끄럼틀, 트램펄린 등을 타며 놀 수 있다.

주소 경남 거제시 하청면 칠천로 265-17 | **문의** 055-637-7008
이용료 48,000원(입장권+놀이기구 2종 패키지)

안동 | 임하호 캠핑 수상레저타운

'물의 도시' 안동에 위치한 수상레저 시설이다. 디스코 보팅, 영유아 풀장, 수상스키, 워터슬라이드 등 다양한 수상 레포츠를 즐길 수 있다. 야영장, 글램핑, 카라반 등을 갖추고 있어 캠핑과 수상레저를 동시에 즐길 수 있다.

주소 경북 안동시 임동면 선착장길 71 | **문의** 0507-1495-8913
이용료 45,000원(입장권+놀이기구 2종 패키지)

칠곡 | 핀스파크

칠곡군 지천 저수지에 있는 수상레저 시설로 웨이크 보드, 웨이크 서핑 등 다양한 수상 레포츠를 즐길 수 있다. 수상레저뿐만 아니라 놀이기구와 워터파크도 함께 즐길 수 있어 여름 더위를 한 번에 날릴 수 있는 곳이다. VIP 카바나 이용 시 일행과 프라이빗한 휴식이 가능하다.

주소 경북 칠곡군 지천면 창평리 627-3 | **문의** 010-8686-0602
이용료 40,000원(입상권+놀이기구 1종)

경기 가평
가평탑랜드

·

쿵쾅대는 심장을 부여잡고 허공으로 점프
1, 2, 3, 2, 1, 번지!!!
세상에서 가장 짜릿한 3초

#안전점검일순위 #그리고뛰어 #비교할수없는 #쾌감의점프
#새는아니지만 #날아보자

· Info ·

주소 경기 가평군 가평읍 북한강변로 1044-15 | 문의 031-582-5372
운영시간 09:00~17:50 | 휴관 없음
이용료 40,000원(현장 구매), 30,000원(네이버 예약, 주중)
할인 온라인 예매 시, 단체 20인 이상 할인

· 가평탑랜드 ·

• 안전하게 •

기상 악화 시 운행 중단
체중 35kg 이상, 103kg 이하 가능
체중 측정 후 맞는 장비 착용
안전교육 실시
음주자 절대 불가
디스크 및 지병 있을 경우 사전 고지 필수

남이섬 선착장 바로 옆에 우리나라에서 가장 높은 55m 규모의 번지점프대를 갖춘 가평탑랜드가 있다. 1박2일, 무한도전, 런닝맨 등 방송에 여러 차례 소개된 곳이다. 짙푸른 북한강과 일대의 아름다운 풍광을 감상하며 번지점프를 즐길 수 있다.

1층 매표소에서 티켓을 구매하고, 2층에서 서약서를 쓰고 체중을 잰다. 몸무게에 맞는 안전 장비를 착용하고 안전교육을 한다. 엘리베이터로 이동하는 동안 주의사항을 알려 주는데 한 번 바운스되어 올라올 때 줄에 얼굴이 닿을 수도 있으니 얼굴을 가려야 한다. 상판 대기 장소로 올라간 뒤 순서가 되면 점프대에서 교관의 신호에 따라 점프하면 된다.

점프대에 서면 55m 아래가 더 까마득해 보이고 심장이 튀어나올 것처럼 벌렁댄다. 버킷리스트를 실천해 보겠다며 상판에 올라섰던 호기로운 모습은 어느새 사라지고 없다. 2번의 기회를 주는데 한 번에 바로 뛰지 못하는 체험객도 종종 있다. "1, 2, 3, 2, 1, 번지!"라는 카운트가 떨어지자 허공을 향해 점프한다. 생각보다 훨씬 빠른 속도로 떨어지는데 잠시 주마등이 스치는 것 같기도 하고, 아무 생각이 없어지기도 한다. 비명을 지르면서 떨어지다가 발에 묶은 끈이 다 풀리면 한 번 크게 바운스해서 위로 올라가는데 이때가 가장 기분 좋다. 다시 떨어지고 약한 바운스를 한두 번 더 한 뒤 보트가 다가와 줄을 잡아 준다. 순간 다리가 풀린 것처럼 힘이 들어가지 않는다.

조금의 주저도 없이 쉽게 번지점프를 하는 이들도 있다. 바운스될 때 호탕하게 웃으면서 재미있다는 감탄을 내지르기도 한다. 해냈다는 성취감과 뛰어내리는 동안 느끼는 극한의 흥분과 스릴이 좋아 또 체험하러 오겠다고 다짐하기도 한다.

기념사진을 찍으며 번지점프의 여운을 되새김질해 본다. 시원한 바람, 아래위가 마구 뒤섞였던 풍경, 끝난 뒤 밀려오는 환희와 아쉬움까지 차분히 갈무리한다. 바로 앞에 가평탑랜드에서 운영하는 수상레저가 있어 신나는 물놀이와 워터 스포츠를 즐길 수 있고, 관광객으로 늘 붐비는 남이섬 선착장도 코앞이라 연계해서 놀거리는 풍부하다. 주변에 식당, 카페, 펜션이 즐비해 여행 기분이 물씬 느껴진다.

자라섬

청평댐이 건설되면서 가평읍내 앞 북한강에 생긴 섬이다. 동도, 서도, 중도, 남도 4개 섬이 다리로 연결되어 있다. 생태공원, 캠핑장, 식물원, 꽃정원 등지로 구성되어 있다. 걷기 좋은 봄가을에 방문하는 것이 좋다. 큰 규모와 깔끔한 시설을 갖춘 캠핑장이 특히 인기 있는데 텐트를 칠 수 있는 구역 외에 카라반도 많이 설치되어 있다. 카라반 옆으로 여름철이면 물놀이장이 마련되고, 편의점도 운치 있다.

이화원은 자라섬 안에 있는 자연생태 테마파크다. 대형 온실이라고 보면 이해가 쉽다. 한국관과 열대관 두 곳으로 나뉘는데 강렬한 색감의 꽃들과 사철 푸른 나무들이 시선을 잡아끈다. 자라섬은 워낙에 넓고 다양한 볼거리가 많아 자전거를 타고 돌아다니는 게 좋다.

주소 경기 가평군 가평읍 자라섬로 60 | **문의** 031-8078-8028(가평군 시설관리공단)
이용료 시설 및 행사별 상이

가평 | 리버랜드 번지점프

청평호반에 있는 번지점프다. 50m 높이의 점프대가 설치돼 있으며 번지점프를 하기 위해
올라서면 청평호수의 짙푸른 물빛과 아름다운 주변 풍광이 그림처럼 펼쳐진다. 45kg 이상
110kg 이하 이용 가능하며, 우천이나 강풍 날씨에는 운행이 제한된다. 여름철에는 대형 물놀
이장을 함께 운영해 인기 있다.

주소 경기 가평군 설악면 유명로 2320 | **문의** 031-585-5525 | **이용료** 40,000원

인제 | 엑스게임리조트

인제 내린천변 합강정공원 내에 마련된 레포츠 시설이다. 번지점프, 미니 번지점프, 슬링샷, 플
라잉폭스 등 넓지 않은 공간이지만 즐길 거리가 많다. 63m 높이의 번지점프는 호주 번지빅사
의 설계를 받아 제작해 안정성과 스릴을 동시에 만족시킨다. 슬링샷은 비행기 조종사들의 비상
탈출에서 유래한 스포츠로 하늘로 쏘아 올리는 듯한 쾌감이 일품이다. 강물 위에서 즐기는 내
린천 래프팅과 노를 사용하지 않고 급류를 래프팅하는 1인 스포츠 리버버깅도 유명하다.

주소 강원 인제군 인제읍 설악로 2254 | **문의** 033-461-5216 | **이용료** 60,000원

제천 | 청풍랜드

제천시 청풍면 청풍호반에 건립된 번지점프다. 62m 높이의 번지점프 타워는 2인이 근무하면
서 안전 체크를 꼼꼼히 진행한다. 비행기 조종사가 비상 탈출하듯 즐기는 이젝션시트, 거대한
줄에 매달려 앞뒤로 그네를 타는 빅스윙, 청풍호반을 바라보며 날아가는 집라인 등 아찔한 놀
이기구들이 총망라되어 있다.

주소 충북 제천시 청풍면 청풍호로 50길 6 | **문의** 043-648-4151 | **이용료** 60,000원

경북 문경
문경관광사격장

·

탕탕탕!
스트레스를 한 방에 날리는
짜릿한 명중의 쾌감

#몇번만에명중 #쏘는게중요하지 #온몸을울리는 #탕탕탕 #온갖폼다잡고
#총쏘는나 #좀멋짐

· Info ·

주소 경북 문경시 사격장길 155 | 문의 054-553-0001
운영시간 09:00~18:00 | 휴관 연중무휴 (설, 추석 당일은 13시부터 운영)
이용료 권총 사격 15,000원, 클레이 사격 22,000원
할인 단체 할인

· 문경관광사격장 ·

• 안전하게 •

14세 이상 체험 가능
음주자, 임산부 체험 불가
실탄 장전 전 안전수칙 숙지
사선 외 사격 자세 금지
사수 및 통제관 외 통제선 내 출입 불가

탕탕탕! 액션 영화 속 주인공처럼 멋지게 총을 쏠 수 있는 공간이 있다. 바로 문경관광사격장이다. 이곳에서는 권총 사격을 비롯해 클레이 사격과 공기소총 사격까지 체험할 수 있다. 3가지 종목을 동시에 체험할 수 있는 종합 사격장은 전국을 뒤져 봐도 드물다.

체험자는 사무실에서 접수하고 안전 서약서에 서명한다. 신분증 확인까지 마치면 실탄을 받아 사격장으로 이동한다. 사격장에 나가면 지도자는 안전수칙을 설명한다. 초보자라면 경청하는 것이 좋다. 총구는 항상 전방을 향하도록 들고, 오른손 집게손가락이 실수로 방아쇠를 당기지 않도록 주의해야 한다.

권총은 팔을 앞으로 쭉 뻗어 양손으로 감싸 쥐듯이 잡는다. 한쪽 눈을 지그시 감고 다른 쪽 눈으로 과녁과 총구를 일치시킨다. 호흡을 가다듬고 발사! 쾅 소리와 함께 짜릿한 전율이 온몸을 감싼다. 권총 사격은 10발을 쏘면 끝난다. 종이 과녁판 범위마다 점수가 매겨져 있어 사격 실력을 비교해 보는 재미가 있다. 동행과 점심 식사를 걸고 사격 실력을 겨루어 보자.

권총 사격장 옆에는 클레이 사격을 체험하는 야외 공간이 있다. 클레이 사격에는 산탄총을 사용하며 주황색 접시인 클레이를 날려 이를 조준하고 사격한다. 움직이는 물체를 맞혀야 하므로 권총 사격보다 고도의 순발력과 집중력이 필요하다. 삼각형의 개머리판을 어깨에 건 채 한 손은 방아쇠 쪽을 잡고 다른 한 손으로 총구를 흔들리지 않게 받치는 것이 기본자세다. 산탄총은 크고 무거운 데다가 사격 후 반동이 큰 편이다. 반동을 버티려면 두 발을 지면에 단단히 붙이고 자세를 바르게 잡는 것이 필요하다. 교관에게 직접 신호를 주면 원반을 날려 준다. 움직이는 원반을 잘 맞히는 팁이 있는

데 원반이 총구보다 살짝 아래쪽에 위치할 때 발사하면 된다. 목표물을 맞히지 못하더라도 굉음에 속이 다 시원해진다. 묵은 스트레스가 한 번에 씻겨 내려간 기분이랄까. 클레이 사격은 총 25발을 쏘는데 이 중 8~10발만 맞혀도 대단한 솜씨다.

산탄총이 부담스럽다면 공기소총 사격을 추천한다. 의자에 앉아 사격하며 총이 가벼워 자세를 취하기 쉽다. 한 발씩 쏠 때마다 과녁을 확인할 수 있는 공기소총은 과녁이 다가올 때마다 기쁨과 실망이 교차하며 사람을 들었다 놨다 한다. 한 발 한 발 총알을 직접 넣어 보는 재미도 쏠쏠하다.

체험에 쓰이는 탄약들은 모두 실탄인 만큼 안전은 백 번 강조해도 지나치지 않다. 문경관광사격장에는 선수이자 전문 지도자 5명이 상주하며 체험자들이 안전하게 체험을 할 수 있도록 돕는다. 안전 수칙만 잘 따르면 누구나 어려움 없이 사격의 매력에 빠질 수 있다. 단, 14세 이상부터 체험이 가능하다.

문경새재 도립공원

속 시원한 굉음과 짜릿한 명중의 쾌감으로 스트레스를 풀었다면, 조용하고 아늑한 문경새재 도립공원에서 산책을 즐기며 휴식을 취해 보면 어떨까. 문경새재는 역사와 자연이 살아 숨 쉬는 공간이다. 도립공원 입구에서 호젓한 산책로를 따라 20분만 이동하면 문경새재 제1관문인 주흘관에 닿는다. 이곳은 영남 지방에서 서울로 가는 유일한 관문이자 군사적 요새였다. 사극 촬영 전문 세트장인 문경새재 오픈 세트장도 놓치지 말자. 광화문, 한옥촌, 저잣거리 등을 생생히 구현해 놓아 마치 조선 시대로 시간 여행을 하는 기분이 든다. 주말에 방문하면 전통 다도 체험도 가능하다.

주소 경북 문경시 문경읍 새재로 932 | **문의** 0507-1321-0709 | **입장료** 무료

also YELLOW •

나주 ㅣ 전라남도 국제사격장

서면에 위치한 권총 실탄사격장이다. 사람 모양 표적과 원형 점수 표적 중 고를 수 있다. 다양한 종류의 권총을 사용해 볼 수 있는 패키지 메뉴가 있다. 기관권총인 VZ.51을 구비하고 있어 연사의 짜릿함도 느낄 수 있다.

주소 전남 나주시 사격장길 82 ㅣ **문의** 061-333-5857 ㅣ **이용료** 클레이 사격 22,000원

서귀포 ㅣ 중문랜드 실탄사격장

중문관광단지 내에 위치한 실내 사격장이다. 이곳의 대표 체험은 권총 사격이다. 회전식 권총, 반자동 권총 등 30여 종 이상의 다양한 권총이 있어 선택의 폭이 넓다. 사선에 핸드폰 거치대가 있어 총 쏘는 모습을 영상으로 남길 수 있다. 14세 미만의 경우 실탄 사격 대신 BB탄 사격 또는 시뮬레이션 사격을 즐길 수 있다.

주소 제주 서귀포시 소보리당로 164번길 62 ㅣ **문의** 064-739-7007 ㅣ **이용료** 권총 사격 35,000원

서울 ㅣ 남대문 실탄사격장

서울 번화가에 위치한 남대문 실탄 사격장은 도심 속 이색적인 체험을 제공한다. 국제 사격대회 전용 22구경 권총부터 38구경, 9mm 탄 등 다양한 종류의 권총 실탄 사격이 가능하다. 사격을 마친 후에는 카페 같은 아늑한 공간에서 차 한 잔 마시며 흥분된 마음을 차분하게 진정시킬 수 있다. 포토 존에는 군복과 장난감 총이 마련돼 있어 인증 사진을 남길 수 있다.

주소 서울 중구 남대문시장길 25-8 4층 ㅣ **문의** 02-778-4008 ㅣ **이용료** 권총 사격 30,000원

화성 ㅣ 경기도사격테마파크

클레이 사격장, 전자표적 공기총 및 화약총 사격장을 갖춘 종합사격장이다. 14세 이상 신분증만 있으면 누구나 서바이벌 게임, 클레이 사격, 실탄 권총 사격, 실탄 소총 사격을 경험할 수 있다. 테마파크 인근에는 초록산림욕장, 월문온천 등이 있어 함께 방문하기 좋다.

주소 경기 화성시 양감면 사격장길 142 ㅣ **문의** 0507-1348-6056
이용료 권총 사격 20,000원 클레이 사격 23,000원

횡성 ㅣ 스포랜드

강원도 횡성에 위치한 종합 사격장으로 클레이, 권총, 공기총 사격장을 보유하고 있다. 수려한 경관을 자랑하는 스포랜드는 특히 가을에 인기가 좋다. 단풍 숲을 바라보며 클레이 사격을 즐길 수 있기 때문이다. 사격장 외에도 펜션, 야외수영장 등의 부대시설을 보유하고 있어 1박 이상 머물 계획으로 방문하기 좋다.

주소 강원 횡성군 금계로 380-57 ㅣ **문의** 033-344-2500 ㅣ **이용료** 권총 사격 20,000원

강원 홍천
가리산레포츠파크

·

너도 나도 특수부대원!
실전 같은 생존 게임
이건 그저 신나는 게임

#살아있나 #살아있네 #모두가함께사는 #생존게임 #이기는사람 #밥사기

· Info ·

주소 강원 홍천군 두촌면 가리산길 426 | **문의** 0507-1417-8138
운영시간 09:00-18:00 | **휴관** 12월~2월 휴장/매주 월요일 휴장/우천 시 체험 불가
이용료 서바이벌 18,000원, 탄창 추가 1,000원
할인 단체 할인, 홍천군민 할인

· 가리산레포츠파크 ·

10세 이하 어린이는 부모 및 보호자 동행하에 입장
음주자 경기장 출입 불가
욕설 및 피해 주는 행동 시 경기장 퇴장 처리
보호 장비 필수 착용

홍천 가리산 자연휴양림 내 대규모 레포츠 테마파크가 자리한다. 이곳의 대표 프로그램은 서바이벌 체험이다. 서바이벌이란 장난감 권총을 이용해 모의 전투를 즐기는 레저스포츠다. 실전과 비슷한 전투장을 조성해 놓아 더욱 흥미진진한 서바이벌 체험이 가능하다.

서바이벌 체험에 앞서 가장 먼저 할 일은 보호 장구를 착용하는 것이다. 체험자는 안전 헬멧, 방호 조끼, 고글을 착용한다. 플라스틱 총알인 BB탄을 사용하지만 맨살에 맞으면 꽤 따끔하다. 여름에 방문하더라도 긴 소매의 옷 입기를 권고한다. 빗발치는 총알 사이로 뛰어다녀야 하므로 신발은 활동하기 편한 운동화를 신는 게 좋다.

안전 장비 착용 후 안전 사항에 대한 교육까지 마치면 교관과 함께 서바이벌 체험장으로 이동한다. 체험장 양 끝에는 두 진영의 본부가 자리하고 있고, 본부 사이에는 폐건물, 드럼통, 헬리콥터 등 몸을 숨길 수 있는 은폐물 및 엄폐물이 있다. 마치 인터넷 슈팅 게임 속에 들어온 듯하다.

서바이벌 게임 방법은 간단하다. 두 팀으로 나눠 모의 전투를 벌이고 상대방을 총으로 더 많이 맞힌 팀이 승리한다. 보호구 총 4곳 (앞면 감지부, 뒷면 감지부, 헬멧 감지부, 고글 감지부)에 디지털 센서가 달려 있는데 권총으로 이곳을 맞히면 득점이 인정된다.

낮은 포복을 하고 엄폐물에 몸을 숨겨 보지만 금세 고글에 빨간 불이 들어온다. 총에 맞아 전사한 것이다. 전사자는 즉시 총을 머리 위로 들어 항복 의사를 전달하고 본부로 이동한다. 전사하더라도 부활 버튼을 누르면 언제든 게임에 다시 참가할 수 있다. 단, 경기 시간에 제한이 있다. 전, 후반 각 7분씩 진행된다.

부활을 거듭할수록 요령이 생겨 서바이벌의 묘미에 빠져든다. 장애물을 굴려 총알을 막기도 하고 과감한 돌격으로 상대방의 기선을 제압하기도 한다. 팀워크를 발휘해 숨어 있는 적을 완벽히 제압했을 때의 쾌감은 이루 말로 표현할 수 없다. 또한 전략적인 서바이벌 게임 속 특별한 전우애가 싹 튼다. 군필자라면 군 시절의 옛 추억을 떠올릴 것이고, 학생이라면 위기 극복 능력과 전시 상황에 대한 안보의식 등을 배울 수 있다.

서바이벌은 2명만 있어도 체험이 가능하지만 인원이 많을수록 재미는 배가 된다. 가족과 함께 또는 사내 워크숍 등 다양한 모임으로 방문하기 좋다.

알파카월드

서바이벌 체험 후 알파카월드에 방문하는 것을 추천한다. 알파카월드에는 알파카를 비롯해 사슴, 토끼, 염소 등이 살고 있다. 울타리 밖이 아닌 안으로 직접 들어가 1 대 1로 눈맞춤을 하며 교감할 수 있는 것이 특징이다. 특히 사람을 잘 따르는 온순한 성격으로 알려진 알파카와는 나란히 발을 맞추며 산책도 가능하다. 산책 후 알파카와 인증 사진도 남기고 오자.

주소 강원 홍천군 화촌면 덕밭재길 146-155 | **문의** 1899-2250 | **입장료** 18,000원

가평 | 토마토레저파크

청평면 대성리에 위치한 서바이벌장이다. 전투장 내에는 타이어, 드럼통과 같은 장애물이 설치돼 있다. 전, 후반 2게임씩 진행하며 1게임당 70발의 페인트탄이 제공된다. 서바이벌 외에도 산악 바이크, 양궁 등의 체험 프로그램을 운영 중이다.

주소 경기 가평군 청평면 모꼬지로 19 | **문의** 031-585-9989 | **이용료** 25,000원

논산 | 선샤인랜드

선샤인랜드는 논산시 연무읍에 자리한 병영테마파크다. 전투 체험장은 1950년대 서울 일각을 재현해 색다른 경험을 제공한다. 체험은 최소 6명 이상, 최대 40명까지 신청 가능하며 사전 예약이 필수다. 서바이벌 체험 외에도 스크린 사격, VR 사격 체험이 가능하다.

주소 충남 논산시 연무읍 봉황로 102 | **문의** 041-730-2955 | **이용료** 14,000원

순창 | 총댕이 마을

최대 42명이 동시에 즐길 수 있는 야외 서바이벌 체험장을 갖추고 있다. 비비탄 권총을 사용하며 센서가 부착된 방호조끼와 헬멧을 쓰고 두 팀으로 나누어 전투를 진행한다. 야간에도 체험 가능한 것이 가장 큰 특징! 야광탄으로 사격해 총알이 날아가는 궤적을 눈으로 확인할 수 있다.

주소 전북 순창군 쌍치면 청정로 558-10 | **문의** 063-653-0077 | **이용료** 17,000원

임실 | 치즈테마파크

치즈 체험과 스릴 넘치는 서바이벌을 동시에 즐길 수 있고 숙박까지 해결할 수 있는 종합 테마파크다. 최대 30명이 이용할 수 있는 서바이벌 게임장은 도심처럼 꾸며져 있다. 음향 효과까지 더해져 더욱 생생한 체험을 할 수 있다.

주소 전북 임실군 성수면 도인2길 50 | **문의** 063-643-9540 | **이용료** 14,000원

제주 | 레포츠랜드

넓은 제주 정글 맵에서 서바이벌 게임을 즐길 수 있다. 정글 맵에는 30여 개의 은폐물 및 장애물이 설치돼 있다. 페인트 탄에 의해 옷이 오염될 우려가 있어 체험 전 군복으로 갈아입는다. 페인트 총알은 각 100발씩 지급되며 2~30분 동안 게임이 진행된다. 일명 '따발총'인 자동 소총을 보유하고 있어 더욱 스릴 있는 서바이벌 게임이 가능하다.

주소 제주 제주시 조천읍 와흘상서2길 47 | **문의** 064-784-8800 | **이용료** 33,500원

강원 양양
서피비치

.

바다에 맞서는 멋진 도전
파도를 타고 넘는 짜릿한 쾌감
바다를 품은 자! 세상을 품으리!

———

#바다를즐기는방법 #바다위에서는방법 #바람의힘
#파도의춤 #세상위에선기분

• Info •

주소 강원 양양군 현북면 하조대해안길 119 | 문의 1522-2729
운영시간 09:00~18:00 | 휴관 연중무휴(기상악화 시 운행 중단 가능)
입장료 무료, 서피패스(1인 10,000원 / 3시간 이용)
할인 없음

• 서피비치 •

• 안전하게 •

입문 강습은 나이 14세 이상, 신장 140cm 이상 가능
강습 경험 2회 이상인 사람에게만 보드 대여

서퍼들에게 강원도 양양은 부산 송정, 제주 중문과 함께 서핑의 성지로 불린다. 그 중심이 하조대 해변에 자리한 서피비치다. 40여 년간 군사 지역으로 지정돼 민간인 출입이 금지됐던 이곳은 2015년에 서핑 전용 해변으로 다시 태어나며 연간 50여만 명이 찾는 양양, 아니 대한민국을 대표하는 해변으로 자리 잡았다.

온몸을 통으로 감싼 윗-슈트를 입고 어른 키보다 큰 보드를 챙겨 해변으로 나선다. 당장이라도 바다에 뛰어들고 싶지만 아직은 아니다. 서핑을 안전하게 즐기려면 강습은 필수다. 서피비치에서는 전문 강사진을 갖춘 '서프 스쿨'을 운영한다. 초보자에서 중상급자까지 수준별 맞춤 강습을 진행해 초보자도 쉽게 서핑을 즐길 수 있다. 초보자를 위한 입문 강습은 이론 강습 30분, 수중 강습 1시간, 자율 서핑 1시간 30분으로 진행된다.

바다에 들어가기 전, 모래밭에서 진행하는 강습 대부분이 '테이크 오프(Take-off)'에 대한 내용이다. 서핑의 기본 동작인 테이크 오프는 비행기가 날아오르듯 보드를 이용해 파도에 올라타는 기술. 활주로를 내달리는 비행기처럼 저어 가다(패들링) 상체를 들어(푸시 업) 몸을 일으키면(스탠드 업) 테이크 오프 성공이다. 푸시 업과 스탠드 업은 한 동작처럼 신속하게 이뤄져야 하는데, 어깨너비로 벌린 뒷발은 보드의 중심축과 90도, 앞발은 45도 정도를 유지해야 한다. 일어설 때 무릎을 살짝 구부려 충격을 줄이면 중심 잡기가 한결 수월하다. 오른발잡이는 오른발을, 왼발잡이는 왼발을 뒤쪽에 두면 된다.

서피비치에서는 서핑 외에 비치요가클래스, 패들보드 등 다양한 해양 레포츠 프로그램을 운영한다. 서피비치 출입에는 아무런 제약이 없지만 해변 내 편의시설을 이용하려면 서피패스(10,000원)를 구입해야 한다. 이국적인 분위기가 물씬 풍기는 '펍&라운지'에서는 각종 음료와 주류, 간단한 먹거리를 판매한다. 일몰 후에는 신나는 비치 파티도 열린다.

리버티 스케이트 보울파크

미국 스타일의 보울 스케이트파크인 리버티는 유재석, 비, 이효리가 함께한 프로젝트 그룹 '싹쓰리'의 <다시 여기 바닷가> 뮤직 비디오 촬영지로 알려지며 유명해졌다. 지상에서 서핑 턴과 카빙 같은 기술을 연습할 수 있는 리버티의 보울 연습장은 난도가 높기로 소문나 스케이트보드 마니아들에게 인기가 많다. 건물 외벽과 연습장 곳곳에 그려 넣은 그라피티 작품도 인상적이다. 연습장 이용자를 위한 샤워 시설은 물론 보드와 티셔츠 등 다양한 제품을 판매하는 아담한 숍도 갖췄다. 리버티 스케이트파크 이용 시간은 오후 1시부터 저녁 8시까지(토·일 저녁 9시). 매주 화요일과 수요일은 휴무다.

주소 강원 양양군 현북면 하조대 2길 48-54 | **문의** 070-7770-2200
입장료 1일 15,000원, 초급 강습료는 시간당 70,000원

also YELLOW •

고흥 | 남열해돋이해수욕장
2019년에 도쿄올림픽 출전 서핑 국가대표 선발전이 열린 곳이다. 약 700m의 모래사장과 250여 그루가 심겨진 솔밭이 지척이다. 고운 모래와 맑은 바닷물로 인기가 좋다. 파도가 높고 바위가 많아 주의가 더욱 필요하다.

주소 전남 고흥군 영남면 남열리 1384-1 | **문의** 061-832-8966

부산 | 송정해수욕장
남해와 동해가 만나는 지점에 위치한 송정해수욕장은 봄부터 여름까지는 남쪽 너울이, 겨울에는 북동 너울이 들어와 사계절 내내 서핑이 가능하다. 편의시설이 잘 갖춰졌고, 인근에 상업시설도 많아 서핑 전후로 이용하기 편하다.

주소 부산 해운대구 송정해변로 62 | **문의** 051-749-5800

서귀포 | 중문색달해변
중문색달해변은 제주도를 대표하는 해양 레포츠의 메카다. 특히 해외 못지않은 높고 거친 파도를 만날 수 있어 서퍼들에게 인기가 많다. 진모살이라 불리는 제주 특유의 모래와 돌들이 조화로운 모래사장과 해변 끝자락에 병풍처럼 둘러싼 벼랑바위 풍경이 매력적이다.

주소 제주 서귀포시 중문관광로 72번길 29-51 | **문의** 064-738-4843

양양 | 죽도해변
사시사철 서핑을 즐기려는 서퍼들로 붐비는 죽도해변은 동호항과 죽도 사이에 자리했다. 앞바다에 대나무가 울창한 숲으로 이뤄진 섬, 죽도가 있다. 양양 서피비치에 비해 수심이 완만하고 파도가 잔잔해 초보 서퍼들에게 인기가 많다.

주소 강원 양양군 현남면 시변리 12-3 | **문의** 033-670-2518

태안 | 만리포해수욕장
1km에 이르는 넓은 백사장을 품은 만리포해수욕장은 동해와 달리 아름다운 낙조를 감상하며 서핑을 즐길 수 있다. 해변 길이 약 2.5km, 폭 약 270m로 너른 서해안 백사장의 풍경을 자랑한다. 인근 천리포해수욕장과 함께 태안해안국립공원에 속한다.

주소 충남 태안군 소원면 만리포2길 138 | **문의** 041-670-2691

경기 시흥
웨이브파크

.

난. 생. 처. 음!
서핑 도전 프로젝트
파도 좀 타고 싶을 때, 도심 서핑

———

#바다는무섭지만 #서핑은타고싶어 #강사도내곁에 #넘어져서신나고
#성공하면더좋고

• Info •

주소 경기 시흥시 거북섬둘레길 42 | 문의 1544-9662
운영시간 10:00~17:00 | 휴관 동절기
이용료 베이 자유 서핑 1시간40,000원 초급 레슨 100,000원
할인 시흥시민, 국가유공자, 장애인, 경로우대 20%할인

• 웨이브파크 •

• 안전하게 •

슈트 착용 권장
시계, 안경, 선글라스 등 액세서리 착용 불가
스노클링 장비 반입 불가
임산부, 음주자 이용 불가

서핑을 하려면 큰마음을 먹어야 한다. 서핑하기 좋은 해변을 검색해야 하고 바다까지 이동하는 수고스러움도 감수해야 하기 때문이다. 날씨가 변덕을 부리면 속수무책이다. 짧은 휴가를 이용해 기껏 멀리까지 갔는데 서핑도 못 하고 오면 얼마나 억울한 일인가. 모든 걱정거리를 날려 줄 훌륭한 대안이 있다. 바로 인공 서핑장이다. 시흥 웨이브파크에는 언제나 나를 기다리는 파도가 있다.

웨이브파크의 가장 큰 매력은 동일한 유속의 파도가 일정한 방향으로 끊임없이 밀려온다는 점이다. 자연 해변에서는 서핑하기 좋은 파도가 올 때까지 기다려야 하지만 웨이브파크에서는 그럴 필요가 없다.

파도풀로 이동하기 전 안전교육은 필수다. 탈의실에서 슈트로 갈아입은 후 안전교육장으로 이동해 교육 영상을 시청한다. 교육이 끝난 후에는 수료 확인을 위해 태블릿으로 이용자 동의서 서명을 한다.

안전교육장을 지나 인공 서핑장에 들어서면 방문하는 모든 이를 단숨에 발리의 휴양지로 인도한다. 에메랄드빛 바다와 야자수 등이 이국적인 풍경을 연출해 마치 해외 휴가지에 온 듯하다. 서핑이 처음이라면 입문자 강습인 베이 초급레슨을 추천한다. 레슨 정원은 10~12명이며 안전 교육과 지상 교육, 수상 교육 순으로 약 2시간 동안 진행된다. 지상 교육에서는 서핑의 기본 동작을 배운다. 바다에서 이동할 때 양팔로 물을 젓는 '패들링'과 보드에 엎드린 상태에서 중심을 잡으며 일어서는 '테이크오프'를 연습한다. 일렁이는 파도 위에서 잘 일어나려면 지상에서 반복 연습하는 것이 중요하다.

충분한 연습이 끝나면 드디어 실전이다. 떨리는 마음으로 서핑 보드 위에 엎드린다. 조금 전 배운 테이크오프 동작으로 일어서면 되는데 마음처럼 쉽지 않다. 균형을 잡지 못한 채 이내 몸이 기우뚱 고꾸라져 물을 한 바가지 먹는다. 심기일전 후 재도전의 과정을 무한 반복하던 중 운 좋게 균형을 잡고 미끄러지듯 파도를 탄다. 마치 공중부양을 한 듯 짜릿하고 파도는 비단 카펫처럼 매끈히 나를 감싸 안는다. 두려움을 무릅쓰고 바다에 뛰어드는 서퍼의 마음을 조금 알 것 같다.

처음 도전한 서핑에서는 보드에 두 발을 딛고 우뚝 서는 것만으로 성공이다. 2시간 만의 쾌거다! 벌써 다음 시간을 기대하며 달력을 확인한다. '두 번째 서핑은 언제가 좋을까?' 웨이브파크는 수준별 레슨을 제공한다. '초급 코스를 끝내고 중급 기술을 배워야지. 집채만 한 파도를 가르는 영화 같은 장면, 주인공은 나, 훗, 기다려라!'

오이도선사유적공원

신석기시대의 조개더미(패총)가 발견되며 그 가치를 인정받아 국가 사적으로 보존
되고 있는 공원이다. 발길 닿는 곳마다 선사시대 유물이 가득한 공원에는 선사인의
생활상을 엿볼 수 있는 선사 체험마을과 패총 전시관 등 흥미로운 볼거리로 가득하
다. 아름다운 서해안의 낙조를 감상할 수 있는 전망대도 마련돼 있다. 성공적인 첫
서핑을 경험하고 온 덕분인지 전망대 너머 보이는 여유로운 일몰 풍경에 마음은 더
없이 뿌듯하다.

주소 경기 시흥시 서해안로 113-27 | **문의** 031-488-6909 | **입장료** 무료

also YELLOW •

거창 | 서핑파크

거창 서핑파크는 100% 예약제로 운영한다. 총 2레인이 있고 본인 시간 외에는 입장할 수 없다. 실내 서핑장 외에도 수영장, 바비큐, 카페 등 부대시설이 있다. 리조트도 함께 운영 중이라 1박 2일로 방문하기 좋다.

주소 경남 거창군 위천면 거차1길 23-18 | **문의** 055-945-8800
이용료 35,000원 입문 레슨 10,000원

광주 | 서핑라이더

경기도 광주시 오포읍에 위치한 실내 서핑장이다. 동시간대 14명만 이용할 수 있어 사전 예약이 필수다. 보드는 엎드려 타는 바디 보드와 서서 타는 스탠딩 보드로 나뉜다. 처음 방문하는 이용객은 초보 과정인 바디 보드만 이용 가능하며, 2시간 입문 강습이 필수다.

주소 경기 광주시 능평로 116-21 | **문의** 0507-1379-5915 | **이용료** 40,000원 입문 레슨 10,000원

남양주 | 웨이브서프

수온 조절 장치가 있어 계절, 날씨 걱정 없이 서핑을 즐길 수 있다. 오후 9시까지 운영해 퇴근 후 방문하는 이들도 많다. 매주 목요일은 레이디스데이로 여성만 이용할 수 있다. 실내 서핑 외에도 클라이밍, 서프 카페 등의 부대시설이 있다.

주소 경기 남양주시 화도읍 북한강로 1630-18 | **문의** 0507-1320-8760
이용료 40,000원 입문 레슨 10,000원

오산 | 서핑존

서핑존은 경기도 오산시 세교동에 있는 실내 서핑장이다. 1시간권을 구입 후 이용하면 된다. 서핑이 처음인 고객 또는 입문 교육이 필요한 고객은 무료로 강습을 받을 수 있다. 유리 벽면이 반사 필름으로 되어 있어 본인의 자세를 점검하며 라이딩을 즐길 수 있다.

주소 경기 오산시 세마역로 41번길 19 | **문의** 0507-1349-8584 | **이용료** 40,000원(레슨 포함)

용인 | 플로우하우스용인

실내 서핑장으로 롯데프리미엄아울렛기흥점 지하 2층에 위치한다. 서핑, 식사, 쇼핑 공간이 한자리에 있다. 널따란 풀장에는 분당 11만 톤의 물이 쏟아지고 시속 32~48km의 강력한 인공 파도를 생성한다. 수심은 발목 정도의 높이이고 바닥은 폭신한 소재라, 넘어지더라도 부상 위험이 적다.

주소 경기 용인시 기흥구 신고매로 124 | **문의** 0507-1333-3042
이용료 35,000원 입문레슨 15,000원

강원 양양
해담마을

·

계곡도 숲길도 거침없이
'물' '땅' 가리지 않는 스릴
살 빠지는 소리는 보너스

———

#울퉁불퉁땅지나 #오프로드 #출렁출렁물위로 #유람선 #이것은신나는융합

· Info ·
주소 강원 양양군 서면 구룡령로 2110-17 | 문의 033-673-2233
운영시간 상시 | 휴무 연중무휴
이용료 수륙양용차 25,000원, 뗏목 타기·카약 10,000원
할인 없음

· 해담마을 ·

• 안전하게 •

구명동의 착용 필수
가볍고 편안한 복장 착용
운행 중 일어서는 등의 행동 금지

서림계곡을 품은 해담마을은 마을 전체가 잘 꾸며진 휴양단지다. 수륙양용차와 뗏목, 카약 등 수상 체험을 위한 다양한 시설뿐 아니라 펜션과 방갈로도 갖췄다. 계곡 앞 소나무 숲에 조성한 캠핑장에는 모두 66개의 캠핑 사이트가 있다.

해담마을을 대표하는 액티비티 체험은 수륙양용차 투어다. 보트를 닮은 몸체에 8개의 바퀴가 달린 수륙양용차는 계곡은 물론 숲길과 산길도 거침없이 달린다. 투어 중간중간 벼락바위와 해담정글 같은 비경을 감상하는 재미도 놓칠 수 없다.

수륙양용차 투어는 시작부터 만만치 않다. 출발과 동시에 경사로를 달려 계곡으로 입수할 때의 짜릿함은 놀이동산의 롤러코스터 못지않다. 물 위에 둥둥 떠다닐 때도 방심은 금물이다. 별도의 방향키가 없는 수륙양용차는 운전자가 몸을 좌우로 흔들며 방향을 전환한다. 탑승자는 그때마다 뒤집힐 듯 출렁이는 차 위에서 회전하는 바퀴가 튕겨 내는 물벼락을 온몸으로 받아 내야 한다. 무게 중심이 낮아 전복될 위험은 없다는 것이 다행스럽다. 오프로드 구간도 호락호락하지 않다. 거친 자갈길을 달리는 것만으로도 가만히 앉아 있기 힘든데, 중간중간 가파르게 오르내리는 장애물까지 설치돼 엉덩이를 바닥에 붙일 새가 없다. 계곡과 오프로드를 신나게 누빈 수륙양용차 투어는 탑승장으로 돌아오기 전, 후진으로 다시 한번 계곡에 입수하는 짜릿함을 선사한다. 수륙양용차 운전은 2008년 수륙양용차 투어를 시작한 이래 15년 넘게 핸들을 잡은 베테랑 마을 주민이 책임진다. 최대 4명까지 탑승 가능하며, 탑승 시간은 약 15분이다.

수륙양용차 투어 뒤에는 뗏목과 카약을 이용한 수상 체험도 놓치지 말

자. 통나무를 엮어 만든 뗏목을 삿대로 슬슬 밀며 배를 움직이는 뗏목체험은 물놀이장으로 이용되는 계곡 상류에서 진행된다. 낙엽송으로 제작한 뗏목은 200kg의 하중을 견딜 만큼 튼튼하다. 2인승으로 제작된 카약을 타고 유람하듯 서림계곡의 비경을 감상하는 재미도 쏠쏠하다.

오산리 선사유적지

오산리 선사유적지는 우리나라에서 가장 오래된 신석기 유적지다. 강원 영동지역에서 발굴된 토기와 석기 등 490여 점의 선사시대 유물을 전시한 박물관이 있으며, 야외에는 신석기 시대 생활상을 보여 주는 움막이 설치됐다. 박물관 관람 후에는 '움직이는 갈대숲'으로 유명한 쌍호습지 탐방로를 천천히 걸어 보는 것도 좋다. 습지 위에 섬처럼 떠 있는 갈대 군락이 바람에 움직이는 모습이 방송에 소개되면서 유명세를 얻었다. 가을이면 은빛 갈대가 장관을 이루는 쌍호습지는 쇠오리, 물총새, 오목눈이 같은 조류 외에도 송사리, 가시고기 등 다양한 어류가 살아가는 생태의 보고다. 본디 2개의 호수였던 쌍호는 1977년부터 시작된 매립으로 일부는 농경지로 개간되었다.

주소 강원 양양군 손양면 학포길 33 | 문의 033-670-2442 | 홈페이지 없음 | 입장료 무료

부여 | 수륙양용버스

부소산성에서 출발한 수륙양용버스는 백마강레저파크에서 입수해 고란사, 낙화암, 천정대를 수상에서 돌아본 뒤 다시 부소산성으로 돌아온다. 운행 시간은 50분 정도. 입장권은 온라인 예매로 살 수 있다. 매달 말 익월 예약할 수 있는 예약 페이지가 열린다. 마감 인원의 약 30%는 현장에서 선착순 발권한다. 매표소는 백제문화단지 제1주차장에 있다.

주소 충남 부여군 규암면 백제문로 455 부여관광 | **문의** 041-408-8777
이용료 27,000(성인/평일)

제주 서귀포
해양레저사계

제주 스노클링 포인트 추천!
사람의 손길이 닿지 않은 비밀의 섬
여유롭게 신비롭게
그래서 더욱 신남

#신비의바다 #제주에서도더깊이 #심장을채우는 #물속의소리 #감동의시간

• Info •

주소 제주 서귀포시 형제해안로 13 | 문의 0507-1467-1298
운영시간 09:00~18:00 | 휴관 동절기
이용료 스노클링 2시간 코스 53,000원, 다이빙 슈트 10,000원
할인 없음

• 해양레저사계 •

13세 이상부터 체험 가능
출항 전 승선 명단 작성 필수
음주자, 임산부, 노약자, 심혈관계 질환자 체험 불가
해파리, 물벼룩 등에 의한 사고 가능성이 있어 긴소매 수영복 착용 권장
기상 악화 시 체험 불가

제주 사계리 포구에서 남쪽으로 1.5km 떨어진 지점 작은 섬 두 개가 있다. 형과 아우처럼 마주 보고 있다고 해서 형제섬이라 부른다. 무인도인 형제섬은 오염되지 않은 자연 그대로의 환경을 보존하고 있어 스노클링 체험장으로 인기가 좋다. 형제섬 스노클링을 즐기려면 사계항에 위치한 '해양레저사계'로 방문하면 된다. 해당 프로그램은 최소 인원 충족 시 진행되므로 방문 전 미리 전화로 알아보는 것이 좋다.

형제섬으로 출발하는 배는 오전 11시부터 오후 2시까지 1시간 간격으로 하루 4차례 운행한다. 스노클링 프로그램은 1~3시간 코스로 구성돼 있다. 2시간 정도 체험하는 것이 일반적이다. 시간이 부족하다면 현장에서 추가 결제 후 시간 연장이 가능하다.

구명조끼, 물안경 등 기본적인 장비는 모두 빌려주기 때문에 특별한 준비물은 필요 없다. 개인적으로 준비할 물품은 수영복, 여벌 옷, 수건, 자외선 차단 제품 정도다. 여름철 수온이 상승할 때는 해파리나 물벼룩에 쏘일 위험이 있어 두툼한 슈트나 긴 소매 수영복을 입는 것이 좋다. 투어 시작 20분 전까지 집결지로 모여 수영복으로 갈아입고, 승선 명부를 작성하면 승선 준비가 끝난다.

형제섬까지는 작은 어선을 타고 이동한다. 10여 명을 태운 배는 푸른 바다를 가르며 빠르게 먼 바다로 나아간다. 점점 다가오는 미지의 세상. 두근거리는 심장을 겨우 진정시키며 태고의 신비가 가득한 제주 형제섬에 발을 내딛는다.

안전수칙에 대한 설명을 들은 후 지체 없이 맑은 바다 속으로 풍덩 뛰어든다. 스노클링 방법은 간단하다. 호흡장치인 스노클을 입에 물고 입으로 천천히 숨을 쉬면서 물속을 구경하면 된다. 포인트는 입으로만 숨을 쉬는 것!

물속에 얼굴을 넣자마자 물고기 떼가 반긴다. 좀 더 깊은 곳으로 들어가니 '물 반, 고기 반'이 따로 없다. 형제섬에는 노래미, 쥐치, 복어, 자리돔, 돌돔 등 다양한 종류의 희귀 어종이 살고 있다. 스노클링 방문객 외 일반인의 접근이 통제된 덕분이다. 주의사항은 바닷속 생물이나 바위 등을 손으로 만지지 말고 눈으로만 즐겨야 한다는 점이다. 무턱대고 만졌다가 독침에 쏘일 수 있고 날카로운 산호에 베거나 찔릴 수도 있다.

물고기와 노닥거리며 여유롭게 유영을 즐기다 보면 한 시간이 어느새 훌쩍 지나간다. 스노클링을 마친 후에는 섬 주변을 한 바퀴 둘러볼 것을 추천한다. 형제섬 해변 언덕에는 특별한 선물이 기다리고 있다. 바로 천연기념물 제19호인 문주란 군락지다. 하얀 꽃이 우산처럼 핀 문주란이 언덕을 덮은 풍경은 해변과 또 다른 정취를 자아낸다. 파란 하늘과 대비를 이뤄 한 폭의 수채화 작품 같다.

용머리해안

사계항에서 동쪽으로 이어진 해안 도로를 달리다 보면 차를 세울 수밖에 없는 절경들이 끊임없이 등장한다. 그중 용머리해안이 가장 압권이다. 입구에 들어서면 높이 30~50m의 수직 절벽이 굽이치듯 장관이 펼쳐진다. 마치 외계 행성에 불시착한 듯하다. 절벽 앞쪽으로는 좁지만 평탄한 파식대가 형성돼 있어 탐방로 역할을 한다. 한 바퀴 둘러보는 데 30분 정도면 충분하다. 기상악화나 만조 때는 위험하므로 출입을 금하고 있다.

주소 제주 서귀포시 안덕면 사계리 112-3 | **문의** 064-760-6321 | **입장료** 2,000원(성인)

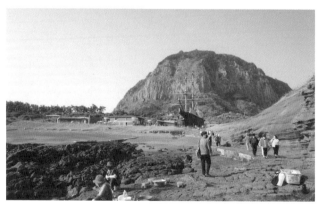

also YELLOW •

거제 | 팡팡스노클링

망치항에서 배를 타고 윤돌섬으로 이동해 스노클링을 즐긴다. 배로는 접근이 힘든 동굴까지 탐험할 수 있다. 너울이 큰 편이라 반드시 구명조끼를 입고 들어가야 한다. 스노클링 후에는 선상에서 낚시도 즐길 수 있다.

주소 경남 거제시 일운면 망치리 389-1 | **문의** 0507-1398-0101 | **이용료** 32,000원

남해 | 드림카약투어

투어에 참가하면 직접 카약을 타고 뱀섬까지 들어가 스노클링을 즐길 수 있다. 인적이 드문 섬이라 일행과 여유로운 시간을 보낼 수 있다. 스노클링 장비는 개인적으로 지참해야 한다.

주소 경남 남해군 미조면 미송로 303번길 48-1 | **문의** 055-862-7827 | **이용료** 35,000원

삼척 | 장호어촌체험마을

장호 해수욕장은 넓은 백사장과 얕은 수심을 갖추고 있어 스노클링 체험 장소로 안성맞춤이다. 장호항 일대는 2004년부터 장호어촌 체험마을로 지정돼 스노클링 외에도 투명 카약, 씨워커 등 각종 체험 시설을 함께 운영한다. 사전 예약은 불가하며 현장 접수만 가능하다.

주소 강원 삼척시 근덕면 장호항길 111 | **문의** 010-8486-8954 | **이용료** 13,000원

울릉 | 학포 다이버리조트

울릉도 학포에서 해양레저를 전문적으로 맡고 있는 업체다. 주로 스쿠버 다이빙 단체 행사를 진행한다. 여름 성수기에는 스노클링, 바나나보트, 제트스키 등도 체험할 수 있어 여행객들에게 다양한 즐거움을 제공한다.

주소 경북 울릉군 서면 학포길 35-7 | **문의** 054-791-1420 | **이용료** 30,000원

제주 | 국제 리더스 클럽

푸른 제주 바다를 즐길 수 있는 해양레포츠 종합 테마파크다. 대표 프로그램으로는 스노클링, 투명카약, 패들보드, 해녀 체험 등이 있다. 물에 들어가는 게 꺼려진다면 반잠수함을 타고 바닷속을 탐험할 수도 있다. 인명구조 자격을 보유한 전문 직원이 상주하고 있어 안전하게 바다스포츠를 즐길 수 있다.

주소 제주 제주시 조천읍 조함해안로 321-21 | **문의** 064-783-0000 | **이용료** 30,000원

강원 동해
스카이글라이더

커다란 날개를 가진 독수리처럼 창공을 날아 봐
푸른 하늘을 다 가진
이것은 자유 그 자체!

#독수리의날개 #나의등에 #날아보자 #독수리처럼 #세상을품고 #자유롭게

• Info •

주소 강원 동해시 이기로 97 | 문의 033-531-2233(방문자센터)
운영시간 09:30~17:30(매표 종료 16:30) | 휴관 월요일
이용료 1회권 30,000원
할인 동해 시민 15,000원, 2회권 50,000원, 강원도민 할인, 단체 할인

• 스카이글라이더 •

· 안전하게 ·

신장 130cm 이상, 몸무게 100kg 이하 이용 가능
시설 측에서 제공하는 개인 안전 장비 착용
긴 머리는 묶기(머리 끈 지참 필수)
임산부 및 관절 부상, 수술 환자 입장 불가
식음료 반입 불가

하늘을 나는 체험 가운데 독특한 모양을 가진 스카이글라이더. 이름처럼 하늘 위를 날아가는 글라이더 형식인데 모양은 마치 날개를 활짝 편 새를 닮았다. 활공하는 독수리 형상을 커다랗게 만들었다는 설명이 딱이겠다. 작동 방식은 집라인에 가깝고 모양새는 패러글라이딩을 닮았다. 넓은 날개 아래 최대 4명까지 탑승할 수 있다. 가족단위의 여행객이 많이 찾는다. 커플의 경우 한쪽 날개 아래 2명씩, 두 커플이 함께 이용한다.

'독수리처럼 한번 날아 볼까' 가족 손 잡고 동해로 향한다. 40년(1968년 ~2008년) 동안 석회석을 캐던 광산이 푸른 호수와 드넓은 정원으로 변신한 무릉별유천지. 여기에 스릴 만점 레포츠와 전망대, 갤러리, 카페까지 갖춘 복합문화공간으로 탄생했다. 그 가운데 무릉별유천지를 대표하는 체험시설이자 가장 짜릿한 기분을 선물하는 것이 왕복형 스카이글라이더다. 광산 상단 절벽 위에 세운 두미르 전망대보다 한 단계 높은 곳에 스카이글라이더 반환 타워가 있다. 전망대보다 높은 곳에서 무릉별유천지 전체를 조망할 수 있다.

왕복 길이는 1,554m. 올라갈 때는 최고 속도가 40km/h, 내려갈 때는 70km/h다. 올라갈 때는 후진을 하듯 뒤로 올라가니 사실 속도감은 별로 없다. 내려올 때, 그때 하늘을 나는 독수리가 된 기분을 만끽할 수 있다. 바람의 문을 온몸으로 열며 공중을 가로지른다. 70km/h의 체감 속도는 생각보다, 상상보다 빠르다.

탑승장과 반환 타워의 고도차는 125m다. 익스트림 스포츠에 익숙하지 않다면 내려오는 내내 비명이 끊이지 않는다. 옆사람은 신경 쓰지 말자. 이건 나만의 스릴이다. 핸들을 잡고 있던 두 손을 떼고 날개를 펼치듯 두 팔을 양옆으로 들면 심장이 터질 듯한 짜릿함을 느낄 수 있다. 꼭 움켜쥐고 있던 모든 것을 하늘 위로 흩뿌린다. 최고다.

무릉별유천지에는 스카이글라이더 외에 레일을 따라 최고 속도 40km/h로 내려가는 알파인코스터, 곡선형 고공 레일에 매달려 모험하는 롤러코스터형 집라인, 무동력 오프로드 루지 등 레포츠 시설도 여럿이다. 오프로드 루지는 무동력이라는 게 믿기지 않을 정도로 속도가 빠르다. 급경사나 코너 구간에서는 쾌감까지 느껴질 정도다. 무릉별유천지 곳곳을 누비는 열차도 꼭 체험해 볼 것.

무릉별유천지

무릉별유천지 안에는 다양한 공간이 새로운 쓸모를 얻었다. 그중 꼭 챙겨 봐야 할 곳이 쇄석장이다. 석회석을 깨뜨리는 작업을 하던 건물을 리모델링해 갤러리, 미디어 홀, 카페 등으로 구성했다. 시멘트 생산 과정, 공장에서 사용하던 작업 도구, 사람들이 입던 작업복, 도서 및 기록물 아카이브 등 무릉3지구의 역사를 한자리에서 살펴볼 수 있는 특별전 <삼화: 세 개의 빛>이 전시 중이다. 건물 곳곳의 일부 시설과 구조물은 공장 모습 그대로 남겨 뒀다. 옛날에 쓰던 것과 똑같은 디자인으로 만들어 둔 작업모를 쓰고 기념사진도 남기자.

멀티미디어 홀 미디어 스크린에는 쇄석장에서 마지막까지 일했던 노동자, 쇄석장에 새로운 생명을 주기 위해 리모델링한 건축가, 동해시 공무원의 인터뷰 영상이 상시 상영된다. 4층 전망카페는 삽 모양 스푼을 제공하는 시멘트 아이스크림을 판다. 무릉별유천지 일대를 조망하며 머물기 좋다.

주소 강원 동해시 이기로 97 무릉별유천지 | **문의** 0507-1448-0101 | **입장료** 6,000원(성인)

also YELLOW •

강릉 ㅣ 바다하늘자전거

해수면에서 20m 높이, 왕복 600m를 자전거로 횡단하는 공중 자전거. 와이어로프가 자전거 위아래를 고정하고 있어 매우 안전하지만 체험객 입장에서는 바다 위를 통과하기 때문에 스릴과 재미를 동시에 느낄 수 있다. 키 130cm 이상, 몸무게 100kg 이하 이용 가능.

주소 강원 강릉시 공항길 127번길 35-7 ㅣ **문의** 0507-1332-9008 ㅣ **이용료** 29,000원

김해 ㅣ 가야테마파크 익사이팅 사이클

높이 22m, 길이 500m로 국내 최초로 선보인 고공 자전거 라이딩 시설이다. 가야테마파크는 물론 김해평야와 낙동강까지 한눈에 내려다보며 공중에서 사이클을 즐길 수 있다. 핸들을 잡는 것이 기본이지만 두 손을 떼고 두 팔을 쫙 펼치면 훨씬 다이내믹한 기분을 만끽할 수 있다. 키 120cm 이상, 몸무게 100kg 미만 이용 가능.

주소 경남 김해시 가야테마길 161 ㅣ **문의** 055-340-7900, 7901 ㅣ **이용료** 21,000원

진주 ㅣ 월아산 산림레포츠단지 에코라이더

하늘에서 숲길을 산책하는 기분을 느낄 수 있는 에코라이더. 숲속에 설치한 기둥과 기둥 사이를 연결한 레일 아래 자전거 형태의 탈거리를 매달아 놓은 레포츠 시설이다. 건물 2~3층 높이에서 숲과 호수를 통과하며 504m 이동, 약 10분 탑승. 10세 이상, 90kg 이하 이용 가능.

주소 경남 진주시 진성면 달음산로 313 ㅣ **문의** 055-746-3674 ㅣ **이용료** 16,000원

함안 ㅣ 아라힐링 사이클 & 아라힐링 바이크

함안 입곡군립공원에는 다양한 놀이시설이 있다. 4층에서 출발하는 11m 높이의 아라힐링 사이클, 3층에서 출발하는 8m 높이의 아라힐링 바이크, 물 위에서 즐기는 아라힐링 무빙보트가 있다. 사이클은 1인용이며, 바이크는 2인이 함께 탈 수 있다. 두 시설 모두 신장 130cm 이상, 체중 100kg 미만 이용 가능.

주소 경남 함안군 입곡공원길 225 ㅣ **문의** 055-580-4596
이용료 사이클 15,000원, 바이크 1인 15,000원 2인 20,000원

경기 용인
플라이스테이션코리아

국내 유일 실내 스카이다이빙
최대 시속 360km의 강력한 바람
이 바람만으로
두둥실 떠오르는 짜릿함

#이건진짜새놀이 #바람만으로 #진짜바람만으로 #눈깜짝할사이지만
#평생의여운

• Info •

주소 경기 용인시 처인구 포곡읍 성산로 521 | **문의** 1855-3946
운영시간 평일 10:30~20:30 / 공휴일 08:30~19:30 | **휴관** 연중무휴
이용료 기본(2분) 주중 66,000원, 주말 76,000원 / 더블(4분) 주중 132,000원, 주말 152,000원
할인 네이버 예약 시 19~34% 할인

• 플라이스테이션코리아 •

• 안전하게 •

4세 이상, 몸무게 100kg 이하 이용 가능
비행 체험 전 안전교육 실시
플라잉 슈트, 헬멧, 고글, 귀마개 착용
벗겨지지 않는 운동화 및 양말 착용(운동화 대여, 양말 판매)
안경, 귀금속(반지, 팔찌, 목걸이 등) 로커 보관
윈드터널 내에서 교관 지시 반드시 따를 것

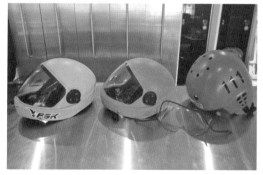

용인 플라이스테이션코리아는 국내에서 유일하게 실내 스카이다이빙을 체험할 수 있는 공간이다. 강력한 바람을 쏘아 올려 실제 스카이다이빙하는 것과 유사한 환경을 구현하는 높이 20m, 지름 5m의 원통형 윈드터널을 중심으로 실내 스카이다이빙을 위한 기반 시설을 갖추었다. 체험자의 체격, 몸무게 등을 고려해 컴퓨터로 바람의 속도를 세밀하게 조정해 준다. 최대 시속 360km의 강한 바람으로 최고 높이 10m까지 날아올라 실제로 스카이다이빙하는 것 같은 스릴을 맛볼 수 있다.

비행 체험 전 체크인과 장비 착용, 안전교육을 실시해야 하므로 예약 시간 50분 전에 도착해야 한다. 플라잉 슈트와 고글, 헬멧을 착용하는데 교육 전에는 슈트만 입는다. 복장을 갖춘 다음 교육실에서 안전교육을 진행한다. 윈드터널 내에서 지켜야 할 기본 안전 수칙과 스카이다이빙을 위한 기본자세, 수신호 등을 차례로 배운다. 윈드터널에 들어갈 때와 나갈 때 교관의 지시를 따라야 하고, 체험 중 몸이 바닥에 닿을 때 손을 짚지 않도록 조심한다. 안전교육이 끝난 뒤 나머지 장비를 착용한다.

드디어 체험의 순간. 생각보다 강한 바람에 놀라는 것도 잠시. 흔들리는 팔다리를 펴고 균형을 잡는 데 집중한다. 균형을 잘 잡는 경우 교관이 손을 놓아주며 혼자서 바람에 적응하도록 둔다. 자세가 틀어질 때마다 '고개 들어' '다리 구부려' 같은 수신호를 해 준다.

아무런 장치 없이 그저 바람만으로 몸이 허공에 떠서 움직인다는 게 신기하고도 짜릿하다. 어느 정도 자세가 적응되었다 싶은 순간 바람이 세지더니 갑자기 몸이 위로 솟구친다. 교관과 함께 10m 높이를 날아올랐다가 내려오기를 반복하면서 심장을 조이는 재미는 절정에 이른다.

체험 시간은 단 2분. 윈드터널에서 나오고도 쿵쾅거리는 심장의 고동은 한동안 그대로 유지된다. 체험을 모두 마친 다음 교관의 시연이 시작된다. 이곳의 교관은 우리나라를 대표해 실내 스카이다이빙 세계대회에 참가하는 선수이기도 하다. 헤드다운 플라잉 등 고난이도의 자세는 물론 높이 솟구쳤다가 바닥으로 쌩하고 날아내리는 모습이 마치 매나 독수리처럼 날쌔다. 교관의 시연 관람까지 끝난 뒤 수료증을 받는다. 여전히 쿵쾅거리는 심장에 수료증에 새겨진 내 이름이 어리둥절하다.

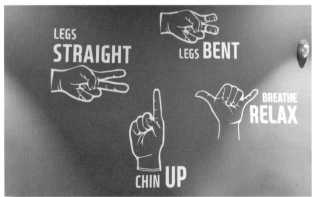

호암미술관

플라이스테이션코리아에서 자동차로 10분 거리에 호암미술관이 있다. 우리나라 최초의 사립미술관으로 1982년 개관했다. 삼성문화재단에서 운영하며 평소 접하기 어려운 작품을 모아 선보이는 기획 전시가 특징이다. 전시와 함께 미술관 주변을 둘러싼 전통 정원 희원 산책까지 곁들이면 하루 일정으로 딱이다.

호암미술관은 고미술에 관심이 컸던 삼성그룹 창업주 이병철 회장의 호를 딴 곳이다. 2023년 재개관 기념으로 김환기 전시를 했고, 강재원전, 소장품 특별전, 불교 미술 특별 전시를 열기도 했다. 호암미술관 앞 호수의 작은 섬에는 프랑스계 미국 조각가 루이즈 부르주아(1911-2010)의 대표작 '마망(Maman)'이 있으니 챙겨 볼 것. 서울 리움미술관과 용인 에버랜드 입구에서 호암미술관행 셔틀버스를 이용할 수 있다.

주소 경기 용인시 처인구 포곡읍 에버랜드로 562번길 38 | **문의** 031-320-1801~2
입장료 성인 14,000원 / 청년, 청소년, 시니어 7,000원

스카이다이브코리아

스카이다이빙 체험은 물론 다이버 자격증을 딸 수 있는 교육 과정을 운영하는 국내 유일의 스카이다이빙 업체다. 국내 최초로 미국낙하산협회(USPA)로부터 국제 스카이다이빙 강하장 인증을 획득했다. 안전교육 후 경비행기에 탑승해 적정 고도에 다다르면 전문 교관과 함께 점프해 자유낙하를 즐기다가 낙하산을 펼치고 비행해 지상에 착륙한다. 점프, 점프+핸디캠, 점프+아웃캠, 점프캠+핸디캠+아웃캠 등 다양한 프로그램 가운데 원하는 것을 고르면 된다. 영상을 남기려면 핸디캠이나 아웃캠이 포함된 상품을 선택할 것. 당일 현장에 도착한 후에도 기상 상황에 따라 체험이 취소될 수 있다. 안전교육을 위해 예약 시간 1시간 전 도착. 16세 이상, 몸무게 45kg~100kg, 150cm 이상 체험 가능.

주소 충북 충주시 앙성면 단암길 19-1 | **문의** 1588-8715
이용료 실버 패키지(3,800m 점프) 660,000원, 골드 패키지(3,800m 점프+핸디캠) 770,000원

충북 단양
만천하스카이워크

·

남한강을 발아래 두고
바람과 구름 위에 디디며
우뚝
빙글빙글 하늘로 향하는 길

―

#내발로걷지만 #눈둘곳잃음 #고소공포증엄습 #멀리하늘을보렴
#자연스럽게도착

• info •

주소 충북 단양군 적성면 옷바위길 10 | 문의 043-421-0014~5
운영시간 09:00~18:00(동절기 17:00) | 휴관 연중무휴
이용료 성인 4,000원, 청소년·어린이·경로우대(65세 이상) 3,000원
할인 단체 할인, 단양군민 50% 할인, 장애인·국가유공자·독립유공자·참전유공자·특임무유공자·
5.18민주유공자·고엽제후유증 환자 및 유족 30% 할인

• 만천하스카이워크 •

• 안전하게 •

당일 기상 여건에 따라 관람 제한

반려견 입장 제한

햇빛을 가릴 모자, 양산 준비

난간에 과도하게 기대기, 달리기, 점프 금지

산 위에 우뚝 솟은 전망대, 그 꼭대기에 마련된 스카이워크. 스카이워크의 가장 높은 곳으로 향하는 길에서 구름을 벗 삼아 하늘로 향한다. 남한강은 두 발 아래 흐른다. 단양 만천학봉 정상에 세워진 만천하스카이워크에는 독특한 건축 디자인의 전망대와 투명한 유리로 바닥을 마감한 스카이워크가 조화롭게 자리한다.

남한강 수면에서 산봉우리까지 90여 m, 거기에 전망대 높이 25m를 더하면 만천하스카이워크에 선 여행객의 눈높이는 100m를 웃돈다. 숫자만으로는 상상이 안 간다. 강 쪽으로 살짝 기울어진 디자인의 전망대에 강 쪽으로 세 갈래 뻗어 나간 모양으로 설계된 스카이워크에 서면 비로소 높이가 실감된다. 휘청, 아찔하게 어지럽다.

입구에서 스카이워크까지 오르는 길은 나선형으로 빙글빙글 이어진다. 벽면이 없는 타원형의 철 구조물이라 올라가면서 풍경을 감상할 수 있다. 철 구조물마저 없는 확 트인 정상에 이르면 360도로 둘러볼 수 있는 전경에 온 마음이 시원하다. 일상에서 쌓였던 스트레스가 한 방에 날아간다. 손가락 3개를 펼친 것처럼 뻗은 스카이워크는 길이 15m, 폭 2m의 고강도 삼중 유리로 만들어졌다. 정면에 단양 시가지가 보이고 푸른 강물과 강 위에 걸린 다리, 주변을 감싼 산봉우리까지 손가락 3개 사이사이 파노라마로 펼쳐진다. 시야가 맑은 날이면 멀리 소백산 비로봉, 연화봉, 천문대(기상관측소), 죽령고개까지 보인다. 유리로 마감된 부분 외에 나무 데크 부분이 넓게 조성되어 있어 기념사진을 찍거나 느긋하게 감상하기 좋다. 한번 올라오면 내려가기 싫어진다.

만천하스카이워크 입구에 있는 집라인, 최대 시속 40km로 쾌속 질주하는 알파인코스터, 264m 길이의 대형 원통형 슬라이드, 산 아래 매표소에서 전망대까지 이어진 40인승 모노레일 등 즐길 거리가 가득하다. 주차된 차는 그대로 두고 강변으로 나가면 바위 절벽에 아슬아슬하게 매달린단양강 잔도가 나온다. 수직 암벽에 좁은 잔도길을 1.2km 연결해 짜릿하면서도 특별한 체험을 선사한다.

수양개빛터널 & 수양개 선사 유물 전시관

수양개터널은 길이 200m, 폭 5m 규모로 일제강점기에 조성된 터널로 수십 년 동안 방치됐다. 최근에 와서 영상, 음향, LED 미디어 파사드로 꾸미고 '빛'을 더해 '수양개빛터널'이라는 새로운 복합멀티미디어 공간으로 재탄생했다. 환상적인 색과 빛으로 꾸민 터널에서 연신 사진을 찍게 된다. 터널이 끝나면 숲속에 알록달록한 빛으로 꾸민 비밀의 정원이 나온다. 수만 송이의 LED 장미꽃이 융단처럼 깔리고 곳곳에 반지, 발레리나 같은 조형물로 포토 존을 만들어 두었다. 나무에 걸어 놓은 원형 조명, 나무를 감싼 꼬마전구, 조명으로 꾸민 그네 등이 어우러져 동화 같은 공간을 연출한다.

수양개빛터널을 가기 위해서는 수양개 선사 유물 전시관을 통과해야 한다. 충주댐 건설로 수몰된 수양개 지구에서 발굴된 유적들을 전시하고 있다. 구석기시대부터 마한 시대의 유적이 대부분이다. 과거의 땅을 지나 현대의 빛 속으로 아름답게 지난다.

주소 충북 단양군 적성면 수양개유적로 390 | **문의** 043-421-5454 | **입장료** 대인 9,000원

also YELLOW •

서천 | 장항스카이워크

장항송림산림욕장에 마련된 장항 스카이워크는 15m 높이에 250m 길이로 조성되었다. 거친 바닷바람을 막기 위해 심은 소나무가 울창한 솔숲을 이루어 그 자체로 이미 걷기 좋은 공간이 되었고, 그 위에 스카이워크를 설치해 일거양득의 볼거리를 제공한다.

주소 충남 서천군 장항읍 장항산단로 34번길 122-16 | **문의** 041-956-5505
이용료 2,000원(서천사랑상품권 2,000원 제공)

울진 | 등기산스카이워크

후포항 등기산 해안 절벽에서 출발해 바다 위까지 이어진 높이 220m, 길이 135m의 스카이워크다. 마지막 57m 구간은 강화유리로만 되어 있어 아찔하다. 바닥이 투명해 마치 푸른 바다 위를 걷는 기분이다. 스카이워크 중간쯤 한가지의 소원은 반드시 들어준다는 갓바위 안내판이 서 있다.

주소 경북 울진군 후포면 후포리 산141-21 | **문의** 054-787-5862 | **이용료** 무료

인천 | 화개산 전망대 스카이워크

교동도 화개정원의 랜드마크인 화개산 전망대에 마련된 스카이워크다. 강화도의 상징인 저어새 형상의 전망대인데 스카이워크는 저어새의 부리에 해당한다. 발아래 펼쳐진 화개정원과 고구저수지, 교동들판은 물론 바다 건너 북한의 연백평야까지 보인다.

주소 인천 강화군 교동면 교동동로 471번길 6-58 | **문의** 032-932-2336~7 | **이용료** 5,000원(성인)

평창 | 발왕산 관광케이블카 & 기 스카이워크

해발 1,458m의 발왕산은 한국에서 12번째로 높은 산이다. 덕분에 이곳 정상에 자리한 발왕산 기 스카이워크는 우리나라에서 가장 높은 곳에 세워진 스카이워크다. 용평리조트 드래곤프라자 탑승장에서 케이블카를 타면 쉽게 오를 수 있다.

주소 강원 평창군 대관령면 올림픽로 715 | **문의** 033-330-7423 | **이용료** 19,900원(성인, 네이버 예약 시)

해남 | 울돌목스카이워크

울돌목은 해남 화원반도와 신도 사이에 있는 거신 해협이다. 바위가 우는 것 같다고 하여 붙은 이름이다. 13척 대 133척의 열세를 승리로 바꾼 명량해전이 벌어진 역사적인 장소다. 실제로 소용돌이치며 요란하게 흐르는 물살이 내려다보인다. 길이 110m, 주탑 높이 25m로 판옥선의 돛을 형상화한 형태다.

주소 전남 해남군 문내면 학동리 1467-10 | **문의** 061-532-1330 | **이용료** 무료

경기 가평
K26

•

물속에 둥둥
온몸의 힘을 빼고!
수심 5m에서 마주한 자유
고요한 세계

#물속호흡 #수심5미터까지 #이퀄라이징기억해 #체온유지도주의

• Info •

주소 경기 가평군 청평면 고재길 262-57 | 문의 031-585-5757
운영시간 평일 09:00-22:00 주말, 공휴일 07:00-21:00 | 휴관 일요일 휴무
이용료 평일 33,000원, 체험 다이빙 강습 120,000원
할인 2인 이상 강습 시 할인

• K26 •

• 안전하게 •

심장 허약자, 폐렴, 결핵, 음주, 피부병 환자 출입 불가
10~18세 보호자 1인 동반 필수
수중 체온 하락 등 몸의 이상 느껴질 시 즉시 중지
유자격자(라이선스 보유자)는 2인 이상 버디 입수로 이용 가능
무자격 다이버는 강사 인솔 원칙
수영복 및 수영모 필수 착용

깊은 물 속으로 잠수를 하면 마치 온 우주에 나만 있는 듯한 고요함을 느낄 수 있다. 어머니의 배 속으로 회귀한다면 이런 기분일까. 무아지경과 평온함의 중간 어디쯤, 마음속 온갖 시름이 고요해진다. 수영을 못해도 걱정없다. 적응하는 시간에 차이만 있을 뿐 물에서 호흡하는 법만 익히면 누구나 할 수 있다.

K26은 사시사철 다이빙을 즐길 수 있는 실내 잠수풀이다. 수온 조절 장치가 있어 연중 25~28도의 온도를 유지해 준다. 풀 깊이는 26m(아파트 기준 약 10층 높이)로 국내 다이빙 풀 중에서도 상위권 수위다. 실제 바다와 비슷한 깊이의 잠수풀을 갖춰 다이빙 좀 한다는 이들이 모일 뿐만 아니라 초보자의 교육장으로도 인기다. 5m 수심에는 통유리로 된 창문이 있어 프로 다이버인 듯 기념 사진을 남기기도 좋다.

교육은 체험 다이빙부터 자격증 수업까지 다양한 과정이 있다. 대부분의 체험자는 체험 다이빙으로 시작해 스쿠버다이빙의 재미를 느낀 후 자격증을 취득한다. 가장 기초 자격증인 오픈워터 자격증만 취득해도 전 세계 어디서든 자격증을 제시하고 다이빙을 즐길 수 있다.

체험 다이빙은 오리엔테이션, 장비 착용, 실전 강습 순으로 진행된다. 체험자는 예약한 시간에 맞춰 로비로 방문한다. 잠수풀 이용 규정을 확인하고 안전 서약서에 서명을 하면 교육 준비가 끝난다. 이론 교육 시간에는 스쿠버다이빙의 정의, 호흡법, 이퀄라이징, 안전 수칙에 대해 배운다. 이중 다이버가 반드시 익혀야 할 요소는 이퀄라이징이다. 이퀄라이징이란 수압과 귀의 내부 압력을 같게 해 주는 기술을 말한다. 이퀄라이징이 안되면 귀가 찢어질 듯 아플 수 있고, 심하면 고막이 손상될 수 있다. 이퀄라이징하는 방법은 의외로 간단하다. 손으로 콧구멍을 막고 숨을 강하게 코로 내뱉어 주면 된다. 코를 막고 코로. 세게!

얕은 물에서 기본기를 익힌 후 5m 수심으로 내려간다. 호흡기를 입에 물고 부력조절 장치인 BCD 조끼의 바람을 빼면 물속으로 서서히 가라앉는다. 이때 이퀄라이징을 계속하며 귀를 뚫어 주는 것이 중요하다.

떠오르고 가라앉기를 반복하다가 어느 순간 무중력상태가 된 듯 온몸이 편안해지는 순간이 온다. 드디어 물의 고요에 몸을 맡길 시간이다. 천천히 호흡하며 수중에서만 느낄 수 있는 평화로움에 집중해 보자.

체험 다이빙은 교육을 포함해 총 2시간 정도 소요된다. 대부분의 교육 과정에는 사진 촬영이 포함돼 있다. 다큐멘터리 속 다이버처럼 수중에서 유영하는 모습을 수중 카메라로 담아 준다. 교육 중 컨디션이 좋지 않아 이퀄라이징이 잘 안된다면 반드시 체험을 중단해야 한다. 곳곳에 있는 수중 CCTV가 만일의 경우에 대비한다.

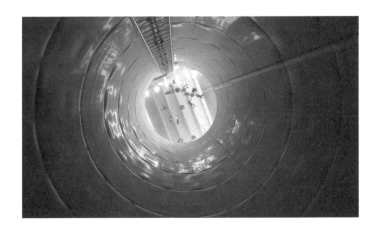

가평 크루즈

K26 잠수풀 바로 건너편에 크루즈 선착장인 가평 마리나가 자리한다. 가평 크루즈는 친환경 선박으로 전기를 동력원으로 사용해 소음과 진동이 적어 쾌적한 크루즈 여행이 가능하다. 가평 크루즈는 남이섬까지 30km 구간을 왕복 운항한다. 선내에는 공연 및 다양한 이벤트가 마련돼 지루할 틈이 없다. 남이섬 선착장에 내리면 2시간 정도 체류 시간이 주어진다. 아름다운 자연이 잘 보존된 남이섬을 둘러보기 적당한 시간이다. 울창한 숲속을 걷는 것으로 휴식을 더한다.

주소 경기 가평군 설악면 미사리로 267-19 | **문의** 0507-1356-7155
이용료 46,000원(성인/왕복)

고양 | 수작코리아

수작코리아는 CF, 드라마, 영화 등 수중촬영을 전문으로 하는 수중촬영장이다. 촬영이 없을 때는 다이버들이 언제든 이용할 수 있으며 스쿠버다이빙 교육도 진행한다. 다이빙 교육, 다이빙 투어, 장비 구매 등 다이빙에 관한 모든 서비스를 한곳에서 해결 가능하다.

주소 경기 고양시 덕양구 동헌로 235번길 120-57 | **문의** 031-922-6725
이용료 15,000원 스쿠버 풀세트 대여 별도 30,000원

부산 | 북항 마리나

전체 5층 규모의 북항 마리나는 다이빙풀과 수영장, 스쿠버 사무실, 교육장, 샤워실, 탈의실 등을 갖췄다. 다이빙풀은 수심 1.3m, 3m, 5m, 10m, 24m 등 5단계로 구성된다. 수중에는 트릭아트를 구현해 입체적인 수중 환경에서 생동감 넘치는 다이빙을 즐길 수 있다.

주소 부산 중구 이순신대로 72 | **문의** 0507-1420-4480 | **이용료** 120,000원

서울 | 잠실스쿠버스쿨

서울 잠실 종합운동장에 위치한 스쿠버스쿨은 스쿠버전용 풀장을 보유하고 있다. 최대 수심 5m 풀장 내에서 다양한 다이빙 기술을 배운다. 스쿠버 렌탈 장비 40세트와 슈트를 보유하고 있어 수영복 및 수영모만 준비하면 된다.

주소 서울 송파구 올림픽로 25 | **문의** 02-2202-1333 | **이용료** 100,000원

시흥 | 파라다이브

파라다이브 다이빙풀은 최대 수심 35m를 자랑한다. 수심 구간이 5단계로 나뉘어 있어 초보부터 전문가까지 다양하게 다이빙을 즐길 수 있다. 다이빙풀 외에도 인피니티풀, 키즈풀, 실내 서핑장을 보유하고 있어 가족 여행객이 방문하기 좋다.

주소 경기 시흥시 정왕동 2709-2 | **문의** 0507-1312-3134 | **이용료** 100,000원

용인 | 딥스테이션

최대 수심 36m 풀을 보유한 대규모 다이빙풀이다. 원데이클래스를 비롯해 라이선스 과정, 레벨 업 과정 등의 프로그램이 있다. 깊은 곳으로 내려가면 바오밥 나무, 수중 성전 등 이색적인 포토 존이 마련돼 있다.

주소 경기 용인시 처인구 포곡읍 성산로 523 | **문의** 0507-1307-8970 | **이용료** 130,000원

#19 승마

전북 장수

승마레저파크

말발굽 소리 따라 심장이 뛴다
살아 있는 생명과 교감하는 스포츠
말과 나의 리듬이 맞아떨어지는 순간

#또각또각 #말발굽소리 #말의호흡 #나의심장으로
#우리가함께 #멋지게해내는

• Info •

주소 전북 장수군 장수읍 승마로 74 | **문의** 063-353-8883
운영시간 09:00~18:00 | **휴관** 월요일
이용료 일일 승마 강습(예약 필수) 40,000원, 일반 승마 체험 30,000원,
초지외승 체험 50,000원, 먹이 체험 10,000원
할인 나봄리조트 이용객 할인

• 승마레저파크 •

헬멧과 안전 조끼 착용(승마장에서 무료 대여)
긴 바지, 운동화 착용
박수, 큰 소리, 손 흔들기 등 말이 놀랄 행동 하지 말 것
말 뒤에 서 있지 말 것
먹이 체험 시 손바닥에 먹이 올려서 줄 것

2020년에 개장한 장수 승마레저파크 포니랜드는 6개 구역으로 나뉘어 있다. 아이들이 뛰어놀기 좋은 1구역의 포니랜드, 느긋하게 휴식할 수 있는 2구역 힐링센터, 레스토랑과 카페 등이 있는 3구역, 직접 말을 체험할 수 있는 4구역 승마 체험장, 숙박시설인 게르 하우스가 있는 5구역, 말 역사 체험관이 있는 6구역 VR 존으로 구성돼 있다. 아이를 포함한 가족 단위 여행객들에게는 1구역이 인기 있다. 승마 체험을 하려면 4구역으로 가면 된다.

승마는 말과의 교감이 매우 중요한 스포츠다. 말은 겁이 무척 많은 동물이기 때문에 늘 주의해야 한다. 승마를 하기 전 인사를 나누며 말과 교감을 시작한다. 승마 체험에 사용되는 말들은 평소에 훈련을 받기 때문에 낯선 체험객들이 와도 놀라지 않고 자신의 고삐를 맡긴다. 또 기수 출신의 전문 교관들이 옆에서 지도해 주므로 아이들이나 승마를 처음 접하는 사람도 안전하게 승마를 즐길 수 있다.

안전 조끼와 헬멧 등 보호 장구를 착용한 뒤 말에 오른다. 승마용 말은 덩치가 크고 등에 올랐을 때 생각보다 높아 놀랄 수 있다. 마음을 진정시키고 허리를 펴고 바로 앉는다. 교관이 이끄는 대로 말이 천천히 걷기 시작한다. 안장을 통해 말의 움직임이 고스란히 전달된다. 어색하던 것도 잠시, 차츰 '타닥타닥' 하는 말발굽 소리와 움직임에 체험객도 같이 리듬을 맞춰 간다. 말이 일정한 속도를 유지하며 걸으니 체험객도 몸이 위아래로 자연스럽게 흔들리며 승마의 묘미를 느끼게 된다. 대부분 승마장 내부에서 체험하는데 외부로 나가는 외승 체험도 있고, 제대로 승마를 배우는 교육 프로그램도 진행한다. 체험장을 벗어나 푸른 초원을 달리면 얼마나 자유로운 기분일까 하는 상상을 해 본다.

승마가 부담스럽다면 먹이 주기 체험을 해 보자. 승마용 큰 말이 아니라 아담한 크기의 나귀나 포니에게 먹이를 주는 체험이다. 손바닥에 올려놓으면 혓바닥으로 살짝 감아서 먹는 모습이 귀엽다. 혓바닥이 보기보다 까실해 손바닥을 쓸고 지나는 감촉이 신기하다.

4구역에는 중요한 포토 존이 있다. 트로이의 목마를 재현한 구조물을 배경으로 사진 찍기 좋다. 4구역 다음으로 체험할 곳은 5구역의 말 역사 체험관이다. 최신 미디어와 VR, 게임 등으로 재미있게 말과 승마 문화를 배울 수 있다. 말을 길들여 이용하면서부터 인류의 역사가 바뀌었다고. 오늘날 레저의 즐거움까지 말과 인간이 함께한 교감의 역사를 알 수 있다.

논개 생가

임진왜란 때 진주 촉석루 앞 의암에서 왜장을 껴안고 남강에 투신한 논개 이야기는 널리 알려져 있다. 논개의 생가가 있는 곳이 장수군이다. 논개의 성은 주씨. 장계면 대곡리 주촌마을에서 태어났다. 대곡저수지 공사로 마을 전체가 수몰되어 현재 위치에 논개 생가를 복원하였다. 생가 근처에 논개 기념관, 단아정, 의랑루 등 건물과 논개 동상, 주논개 비, 최경회 비, 주논개 부모 묘가 있다. 주촌마을은 논개 생가 체험마을로 조성되어 한옥 숙박 단지, 산책로, 도깨비전시관, 대곡제 관광지 등 볼거리가 많다.

논개가 진주 기생으로 잘못 알려져 왔는데, 실제로는 서당 훈장의 딸로 장수현감을 지낸 최경회의 후처였다. 진주성이 함락되고 최경회가 순국하자 왜군이 촉석루에서 연회를 벌이고 있을 때 기생으로 위장하여 왜장을 남강 바위로 유인해 남강에 투신했다. 이후 이 바위는 의암으로 불렸고 논개의 애국충정을 추모하는 의기사를 촉석루 옆에 세웠다.

주소 전북 장수군 장계면 의암로 558 | **문의** 063-350-1662 | **입장료** 무료

남양주 | 비스타밸리

승마, 레스토랑, 카페가 공존하는 비스타밸리는 천마산을 조망할 수 있는 송라산 계곡에 자리한다. 전문 코치진이 초보부터 전문 수준까지 체계적인 교육을 제공한다. 체험 승마는 20분간 말과 소통하고, 기승 체험을 한다. 기본 코스인 체험 승마 외에 45분간 진행되는 산악 승마도 흥미롭다. 헬멧, 안전 조끼 등 안전 장구 무상 대여. 4살 이상 체험 가능.

주소 경기 남양주시 화도읍 비룡로 360번길 15-17 | **문의** 0507-1401-2263 | **이용료** 60,000원

서귀포 | 조랑말체험공원

가시리는 조랑말 박물관, 조랑말 체험공원, 가시리농어촌체험마을 등 조랑말에 관한 모든 것을 보고, 체험할 수 있는 곳이다. 박물관에서 조랑말에 대해 이해하고, 말에 관한 유물과 예술 작품도 볼 수 있다. 조랑말 체험공원에서는 확 트인 초원에서 말과 교감하는 승마 체험을 한다. 오름이나 돌담 등 제주스러운 풍경을 배경으로 말을 탈 수 있어 특별한 기분을 느낄 수 있다.

주소 제주 서귀포시 표선면 녹산로 381-17 | **문의** 064-787-0960 | **이용료** 12,000원

장흥 | 장흥편백숲승마장

장흥 우드랜드 기슭에 있는 장흥편백숲승마장. 아담한 규모로 어린이에게 적합한 승마 체험장이다. 승마에 관한 기본 교육을 먼저 한 다음 말을 직접 타 보는 체험의 시간을 갖는다. 트랙을 먼저 돌면서 익숙해지면 트랙을 벗어나 산책을 즐긴다. 승마 체험 후 먹이 주기 체험도 할 수 있다.

주소 전남 장흥군 안양면 우드랜드길 298 | **문의** 061-863-0013 | **이용료** 40,000원

평창 | 대관령주주파크

드넓은 초원이 펼쳐진 대관령 주주파크는 체험형 목장이다. 어린이가 좋아하는 작은 동물이 많은데 토끼, 강아지, 양, 말, 타조, 북극여우 등 흔한 동물부터 독특한 동물까지 다양하다. 동물 먹이 주기 체험을 할 수 있고 승마 체험도 가능하다. 어린이 눈높이에 맞춘 체험이라서 다소 심심하지만, 아이를 동반한 가족 여행객의 만족도가 높다.

주소 강원 평창군 대관령면 꽃밭양지길 51-30 | **문의** 033-335-5533
이용료 25,000원(먹이 체험+승마)

충남 부여
하늘날기

•

하늘을 품다
저 하늘을 날아서
물안개 핀 백마강을 발아래 두고

—

#우리나라도 #열기구열기 #비행의원리 #풍경이다 #두둥실
#나오늘바구니탄다

• Info •

주소 충남 부여군 성왕로 173번길 12 | **문의** 041-837-8809
운영시간 일출 시 | **휴무** 연중무휴(기상 악화 시 운행 중단)
이용료 성인 210,000원, 어린이 150,000원
할인 평일 30,000원 할인

• 하늘날기 •

• 안전하게 •

샌들 및 굽 높은 구두 금지
삼각대, 30cm 이상 셀카봉 탑재 불가
기구 안 과도한 행동 및 장난 금지

부여는 국내에서 가장 먼저 열기구 자유비행을 선보인 곳이다. 헬륨 가스를 채운 기구에 몸을 싣고 계류비행을 하는 곳은 더러 있지만, 데운 공기로 띄운 기구에 올라 유영하듯 하늘을 나는 경험은 오직 부여에서만 가능하다.

열기구는 '구피'라 부르는데 거대한 풍선에 불어넣은 바람을 버너로 데워 하늘을 나는 비행체다. 1782년, 프랑스의 몽골피에 형제가 타다 만 종이가 연기에 떠다니는 모습을 보고 열기구를 발명했다고 하니, 그 역사가 무려 240여 년에 이른다.

구피가 뜨거운 공기로 가득 채워지면 열기구가 '둥실' 공중으로 떠오른다. 아주 가볍게. 중력에서 벗어나는 일이 이리 수월한가 싶을 정도다. 하늘을 날기 위해서는 많은 불편을 감수해야 한다. 이를테면 이륙하기 위해 활주로를 긁어 대는 비행기 타이어의 굉음을 참고, 급격한 고도 변화로 귀가 먹먹해지는 불쾌감도 그러려니 감당해야 한다. 한데 열기구에 몸을 맡기면 그런 불편이 전혀 없다. 아니 되레 편안하다. 바람에 실린 깃털처럼. 슉슉, 버너에서 불꽃이 피어오를 때마다 딱 그만큼씩 하늘과 가까워진다. 구름처럼 백마강을 뒤덮은 안개가 발아래 그림처럼 펼쳐진다.

조향 장치가 없는 열기구는 온전히 바람에만 의지해 하늘을 난다. 필요한 바람에 올라타기 위해 위아래로 열기구를 움직이는 게 파일럿의 역할이다. 열기구가 하늘을 나는 동안 지상요원들은 차량으로 열기구를 좇으며 바람의 방향과 세기를 파일럿과 계속 공유한다.

부여 열기구 투어는 하루에 딱 한 번, 해 뜨기 직전에만 가능하다. 열기구 비행에 영향을 주는 지열이 가장 낮은 시간이기 때문이다. 부여 열기구

투어는 지표면을 기준으로 150m 높이에서 백마강을 따라 6km 정도 자유 비행을 하며, 비행시간은 40분 내외다. 초속 5m 이상의 강풍이나 우천, 안개 때문에 시야 확보가 어려우면 비행이 취소될 수 있다.

사랑나무

성흥산성에는 사랑나무로 유명한 느티나무가 있다. 성흥산성의 공식 명칭은 가림성(사적). 가림성은 백제 때 쌓은 성곽 가운데 연대를 확실히 알 수 있는 유일한 성으로 사랑나무는 가림성 입구인 남문지에서 우뚝 서 있다. 수령이 400년을 훌쩍 넘긴 이 느티나무가 '사랑나무'라는 애칭으로 불리게 된 건 늘어진 가지를 배경으로 촬영해 반전·합성하면 하트모양의 사진을 얻을 수 있기 때문. 사랑나무가 유명세를 타면서 가림성은 '호텔 델루나', '조선정신과 의사 유세풍' 등 많은 드라마와 영화 촬영지로 사랑받기도 했다. 사랑나무는 해 질 녘, 붉은 노을을 배경으로 촬영할 때 가장 아름답다. 나무 사진 촬영 후 사진편집 프로그램을 이용해 하트 모양을 만들면, 바로 사랑나무다.

주소 충남 부여군 임천면 성흥로 97번길 167 | **문의** 041-830-2880 | **입장료** 무료

also YELLOW •

서울 | 서울달

여의도 상공에 보름달 같은 열기구가 두둥실 떠올랐다. 이름하여, 서울달(SEOULDAL). 2024년 8월 정식 개장한 서울의 새로운 야간 관광 시설이다. 여의도 인근 지역 어디에서도 눈에 띈다. 서울달은 계류식 헬륨가스 기구다. 낮 12시부터 밤 10시까지 운영해 서울의 낮과 밤 풍경을 모두 감상할 수 있다. 계류 비행 시간은 약 15분. 매주 월요일은 휴무이며, 기상 상황에 따라 운영이 취소될 수 있다.

주소 서울 영등포구 여의공원로 68 | **문의** 070-4155-4528 | **이용료** 25,000원(성인)

서천 | 벌룬어드벤처코리아

부여 백마강과 서천 신성리 갈대밭 일원을 오가는 열기구 자유 비행 프로그램을 운영한다. 업체는 서천에 위치하며, 열기구 탑승지는 부여 구드래나루터 선착장이다. 4인승, 6인승, 12인승 등 다양한 열기구를 보유하고 있다. 매일 일출 시간 1회만 운영하니, 탑승 날짜의 일출 시간을 확인 후 예약하는 것이 좋다. 예약은 네이버 예매를 이용한다.

주소 충남 서천군 한산면 충절로1173번길 11 | **문의** 0507-1380-7719
이용료 180,000원(성인)

수원 | 플라잉수원

플라잉수원은 헬륨 가스를 채운 기구를 이용한 비행 체험이다. 지상에서 결박 끈으로 고정한 헬륨 기구를 타고 약 60~150m 상공을 비행한다. 최대 30명까지 탑승 가능하며, 안전을 위해 전문 파일럿과 동승한다. 플라잉수원 1회 비행시간은 10분 남짓. 평일 이용권은 온라인 예매로 가능하며 주말 및 공휴일은 현장에서만 발권한다. 홈페이지에서 매주 운영 가능 여부를 게시하니 참고하자.

주소 경기 수원시 팔달구 경수대로 697 | **문의** 031-247-1300 | **이용료** 20,000원(성인)

인천
현대요트

·

프라이빗하게 요트 파티 즐겨 볼까?
낭만적인 선셋 요트, 명상 즐기는 웰니스 요트
테마도 다양하게
럭셔리 체험의 끝판왕

#일생에한번은 #요트의멋 #요트사주세요 #요트투어로달램
#바다위영화놀이

· Info ·

주소 인천 중구 왕산마리나길 143 | 문의 032-710-6976
운영시간 10~18시까지 매시 정각 출항(12시 제외, 일몰 시간에 따라 마지막 출항 시간 변경) | 휴관 월요일
이용료 코스모스(34피트 세일 요트): 30,000(인)~240,000원(최대 10인 단독) 일몰투어 50,000원(인) /
홀리데이(45피트 세일 요트) 40,000원(인)~320,000원(최대 10인 단독) 일몰투어 60,000원(인)
할인 인천 시민 20% 할인, 요트 이용 시 카페 제조 음료 20% 할인

· 현대요트 ·

구명조끼 착용하기
요트용 슬리퍼 신기
배 위에서는 캡틴의 지시사항 준수하기

인천국제공항, 을왕리해수욕장을 지나 영종도의 서쪽 끝까지 달려가면 도로가 끝나는 지점에 왕산마리나항이 있다. 어선이 아니라 요트만 정박하고 드나들 수 있도록 만든 항이다. 꽤 너른 계류장에 크고 작은 요트들이 즐비하게 늘어선 풍경이 이국적이다. 여기에서 영종도 앞바다를 마음껏 누릴 수 있는 현대요트가 출항한다.

요트 투어는 럭셔리 체험 여행으로 분류되곤 하는데 아무래도 평소에 접하기 힘든 탈것이라는 점과 바다 위를 항해한다는 설렘 때문일 테다. 요트 전체를 대여하는 특별한 요트 패키지는 비용이 꽤 비싸지만 다른 여행자들과 함께 탑승하는 퍼블릭 요트의 경우 금액도 적당하고 시간도 1시간 내외로 마무리되므로 큰 부담 없이 시도해 볼 만하다.

예약 후 탑승 시간 전에 현대요트에서 운영하는 카페 키(Quay) 입구 매표소에서 탑승 관련 안내를 받는다. 시간이 되면 직원의 안내에 따라 계류장으로 이동한다. 현대요트에 소속된 요트 몇 대와 개인들이 이용하는 요트들이 가득해 기념사진 찍기 좋다. 탑승할 때 구명조끼와 요트용 슬리퍼로 갈아 신고 요트에 오른다.

현대요트는 길이 34피트의 세일 요트 '코스모스'와 45피트의 '홀리데이'를 매일 운항하고 있다. 두 요트 모두 탑승객이 2명 이상만 되면 출항한다. 오늘의 선택은 홀리데이호! 베테랑 캡틴의 환영사와 요트에 대한 설명, 운항 코스 안내, 안전 주의 사항을 들으며 천천히 항구를 빠져나간다. 바다로 향한 지 10여 분 후, 드디어 접혀 있던 세일을 펼치고 엔진을 멈춘다. 엔진 소리가 사라지자 찰랑이는 물소리, 바람 소리가 귀에 들어온다. 느리지만 온전히 바람의 힘으로만 이 큰 배가 움직인다는 게 신기하다.

뱃머리에 앉거나 누워서, 난간 사이에 다리를 뻗고 앉는 등 캡틴의 안내로 다양한 포즈로 인생 사진을 담아 본다. 요트를 조정하는 스티어링 휠에 살짝 손을 얹은 사진도 가능하다. 왕산해수욕장, 을왕리해수욕장, 선녀바위, 무의도, 실미도 앞을 돌아 요트는 다시 출항지로 돌아간다. 기본적인 요트 투어 외에 일몰 시각에 맞춰 출항하는 선셋 투어, 명상과 해양 치유의 시간을 갖는 웰니스 프로그램인 Yacht Nidra, 커플 이벤트를 위한 프러포즈 패키지, 바다 한가운데서 물놀이를 즐길 수 있는 Cheers to Summer! 등 여러 가지 상품이 있다.

무의도 해상관광탐방로

영종도에서 다리로 연결된 무의도는 당일 여행으로 즐기기 좋은 섬이다. 특히 드넓은 백사장을 자랑하는 하나개해수욕장은 여름철 피서지로 인기다. 하나개해수욕장 남쪽으로 이어진 무의도 해상관광탐방로는 바다와 어우러진 해안 절벽의 멋진 풍경을 감상하기 좋다. 해상관광탐방로는 이름 그대로 해안에서 약간 떨어진 바다 위에 설치한 산책로다. 데크 길을 길게 연결해 걷는 재미와 아름다운 경치를 동시에 즐길 수 있게 해 주어 무의도를 찾는 여행자라면 누구나 한 번쯤 방문하는 필수 코스다.

무의도 일대를 연결한 무의도 트레킹 둘레길 중 섬 북쪽 해안선을 따라 1코스, 실미도해수욕장과 하나개해수욕장 사이의 2코스, 하나개해수욕장 남쪽이 3코스로 무의도 해상관광탐방로는 3코스에 해당한다. 코스마다 해상 데크 길이 마련되어 있어 해안을 따라 늘어선 기암괴석을 살펴보기 좋다.

주소 인천 중구 무의동 산189 | **문의** 032-751-8833(하나개해수욕장유원지) | **입장료** 무료

부산 | 요트탈래

해운대 더베이101에서 출발하는 요트 투어다. 마린시티, 동백섬, 광안대교, 해운대해수욕장 등 낭만적인 부산 풍경을 감상하기 좋다. 일반적으로 이용하는 퍼블릭 투어 외에 요트 전체를 대여하는 프라이빗 투어, 리버 크루즈 등 여러 상품을 제공한다. 약 1시간 소요.

주소 부산 해운대구 동백로 52 더베이 101 | **문의** 1599-1789
이용료 15,000~40,000원(시간대에 따라 요금 상이)

서귀포 | M1971 돌고래 에코투어

대정읍 운진항에서 출발하는 요트다. 아름다운 빛깔을 자랑하는 제주 바다를 실컷 즐기고, 높은 확률로 남방돌고래를 만날 수 있다. 낮 시간대와 선셋 두 가지 투어가 있다. 출발 30분 전에 도착해야 하며, 힐이나 슬리퍼 착용 시 탑승이 제한된다. 투어는 약 70분 소요.

주소 제주 서귀포시 대정읍 최남단해안로 128 | **문의** 064-901-1971
이용료 48,000~60,000원(시간대에 따라 요금 상이)

서울 | 골든블루마리나

반포한강공원 세빛섬에서 출발하는 요트 투어다. 한강의 아름다운 야경과 반포대교 분수 쇼를 감상하기 좋은 코스로 운행한다. 낮, 선셋, 야간 등 여러 회차를 운행하므로 원하는 시간대를 골라 탑승할 수 있다. 안전 교육 10분, 승하선 10분, 실제 운행 40분 등 총 1시간 소요.

주소 서울 서초구 올림픽대로 2085-14 | **문의** 02-599-0900
이용료 35,000~39,000원(시간대에 따라 요금 상이)

여수 | 여수요트수상레저

돌산도에서 출발하는 요트 투어로 프랑스의 '라군 450' 카타마란호를 이용한다. 일출 투어, 주간, 선셋 투어, 야간 운항으로 나뉘며, 야간 요트의 경우 여수 야경과 불꽃놀이를 감상할 수 있다. 케이지 사용 시 반려동물도 함께 탑승할 수 있다. 운항 시간은 50분 정도.

주소 전남 여수시 진모1길 | **문의** 010-8348-3090
이용료 30,000원(평일, 주간)~50,000원(주말 불꽃놀이)

통영 | 금호통영마리나리조트 요트

통영항 요트 계류시설이 자리한 금호통영마리나리조트에서 운영하는 요트 투어다. 최신형 요트 발리캣스페이스, 10인승 전세 요트, 25인승 세일 요트, 40인승 카타마란 등 다양한 요트를 보유하고 있다. 켄넬이나 팻백 이용 시 반려견 동반 가능.

주소 경남 통영시 큰발개1길 33 | **문의** 055-640-8180 | **이용료** 30,000~35,000원

강원 철원
한탄강주상절리길

유네스코 지정 세계지질공원
잔도를 걷는 아찔한 스릴
해외여행 부럽지 않은 최고의 비경

#두발로걷고 #손끝으로느끼며 #들어서면헤어나올수없는
#자연의짜릿함 #그아름다움

• Info •

주소 강원 철원군 갈말읍 군탄리 산 78-2(순담 매표소), 강원 철원군 갈말읍 군탄리 산 174-3(드르니 매표소)
문의 순담 매표소 0507-14431-2225, 드르니 매표소 0507-1374-9825
운영시간 09:00~16:00(3~11월) 09:00~15:00(12~2월) | **휴무** 매주 화요일, 1월 1일, 설·추석 당일
입장료 대인 10,000원 소인 4,000원 (입장료 50% 철원상품권 제공)
할인 철원군민, 가족 동행 6세 이하 어린이, 3자녀 이상 가구 구성원

• 한탄강주상절리길 •

• 안전하게 •

하이힐이나 슬리퍼 착용 금지

스틱 사용 금지

반려동물 출입 금지

난간에 과도하게 기대기, 달리기, 점프 금지

2022년 한국관광의 별에 선정된 한탄강주상절리길은 순담과 드르니 게이트를 잇는 총 연장 3.6km의 걷기 길이다. 전체 구간의 40%는 잔도, 나머지 60%는 보행 데크로 구성됐다. 잔도는 절벽이나 벼랑에 낸 길을 가리키는 말로, 중국의 화산과 장자제 잔도가 유명하다. 한탄강주상절리길 잔도는 수면에서 20~30m 높이에 설치됐으며, 바닥은 아래가 훤히 보이는 격자형 강철 소재로 마감해 걷는 내내 아찔한 스릴을 즐길 수 있다. 유네스코 세계지질공원으로 지정된 한탄강 협곡을 편하게 감상할 수 있는 드르니, 철원한탄강, 순담 등 3개 스카이전망대와 단층교, 한여울교, 화강암교, 2번홀교, 현무암교, 쌍자라바위교 등 6개 흔들다리는 걷는 재미를 더해 주는 매력적인 시설들이다. 쉼터도 곳곳에 마련돼 있는데, 구리소 쉼터와 샘소 쉼터, 동주황벽 쉼터에는 한여름 뜨거운 햇빛을 막아 줄 파라솔도 설치돼 있다. 위급상황에 적절히 대응할 수 있도록 걷기 길 중간중간 비상벨과 비상대피로도 마련했다. 길을 걷다 만나는 안전요원은 친절한 안내자이자 최고의 사진가이니, 기념사진 한 장 부탁해도 좋다.

한탄강주상절리길은 걷기 길 대부분이 평탄해 누구나 부담 없이 걸을 수 있다. 다만, 조금이라도 편한 코스를 원한다면 게이트에서 보행 데크까지 제법 가파른 계단으로 연결된 드르니 매표소를 출발점으로 삼으면 된다. 반대 방향인 순담 매표소에서 출발하면 시작부터 눈 맛 시원한 잔도길을 걷게 된다. 한탄강주상절리길에는 매점이 없다. 출발 전 매표소 인근 상점에서 생수 정도는 미리 준비해야 한다. 생수 외 음료와 술, 음식물은 주상절리길 안으로 반입할 수 없다. 입장권 구입 시 제공되는 철원사랑상품권은 철원군 내 지정 식당과 상점, 택시비 등으로 사용할 수 있다. 순담과 드르니

매표소를 오가는 무료 셔틀버스는 토요일과 일요일, 공휴일에만 운행하며,
평일 택시를 이용할 경우 10,000원 정도의 요금이 나온다.

소이산 모노레일

철원역사문화공원 안에 있는 하부 승강장과 소이산 정상 부근 상부 승강장을 오간다. 모노레일 속도는 시속 4km 내외로 하부 승강장에서 상부 승강장까지 15분 정도 소요된다. 여느 모노레일과 달리 각 좌석 앞에 작은 선풍기가 설치됐다. 40°를 넘는 급경사 구간을 지날 때는 놀이공원의 롤러코스터를 타는 것 같은 짜릿함을 느낄 수 있다. 상부 승강장에서 소이산 정상 전망대까지는 380m다. 어른 걸음으로 10분 남짓 걸리는 거리다. 상부 승강장에서 이정표가 있는 갈림길(110m)까지는 비포장 도로, 갈림길에서 정상 전망대(270m)까지는 포장도로다. 벙커를 활용한 전시 공간을 지나 전망대에 서면 드넓은 철원 평야 너머 북한 땅이 한눈에 들어온다.

주소 강원 철원군 철원읍 금강산로 262 | **문의** 0507-1339-0362
이용료 7,000원(성인, 3,000원 철원사랑상품권 제공)

강릉 | 정동심곡바다부채길

정동항과 심곡항을 잇는 총연장 3km의 해안 산책로다. 편도 약 1시간 소요된다. 태고의 신비를 간직한 투구바위, 부채바위 등 그림 같은 해안 풍경이 일품이다. 탐방 코스 내에는 화장실이 없고 바닥은 철판으로 이뤄졌으니 참고하자.

주소 강원 강릉시 강동면 심곡리 114-3(심곡 매표소) / 강동면 정동진리 50-13(정동 매표소)
문의 033-641-9445 | **입장료** 5,000원(성인)

단양 | 단양강 잔도

남한강 암벽에 설치된 총연장 1.2km의 잔도다. 길이가 짧고 길이 평탄해 단양강 풍경을 감상하며 산책하기 좋다. 잔도를 따라가면 스카이워크와 알파인코스터 등이 있는 만천하와 연결된다. 잔도 출입구가 도로와 인접하니 이동에 주의해야 한다.

주소 충북 단양군 적성면 애곡리 산18-15 | **문의** 043-422-1146 | **입장료** 무료

삼척 | 초곡용굴촛대바위길

초곡항과 초곡촛대바위를 잇는 총연장 660m의 해안 산책로다. 바위 절벽 구간은 바닥 일부를 강화유리로 마감한 출렁다리로 연결된다. 오전 10시부터 입장이 가능하며, 3월부터 10월(하절기)에는 오후 6시까지, 11월부터 2월(동절기)까지는 오후 5시까지 운영한다. 매주 월요일은 휴관이다.

주소 강원 삼척시 근덕면 초곡길 236-4 | **문의** 033-575-4605 | **입장료** 무료

순창 | 용궐산 하늘길

국내에서 보기 드문 산악 잔도다. 총연장 1,096m의 잔도는 전체 구간이 나무 데크로 조성됐다. 섬진강이 내려다보이는 산 아래 풍경이 근사하다. 자기차량 이용 시 용궐산 치유의숲 공용주차장을 이용하는 것이 좋다. 이용시간은 매일 오전 9시를 시작으로 하절기는 오후 5시, 동절기는 오후 4시까지다.

주소 전북 순창군 동계면 장군목길 562 | **문의** 063-650-5660
입장료 5,000원(순창사랑상품권 2,000원 제공)

제주 서귀포
제주제트

·

제주의 새로운 여행법
제트보트 타고 제주의 절경
주상절리 둘레둘레

#제주앞바다 #속도올려 #제트기처럼 #제주바람 #제트보트바람

· Info ·

주소 제주 서귀포시 대포로 172-5 | 문의 064-739-3939
운영시간 09:00~18:00 | 휴관 연중무휴
이용료 제트보트 25,000원, 패러세일링 70,000원
할인 없음

· 제주제트 ·

• 안전하게 •

5세 이상 이용 가능
임산부 및 허리디스크 환자 이용 불가
운항 중 일어나거나 배 밖으로 손을 내미는 행동 금지
기상 악화 시 운항 지연 또는 체험 불가

제주 제트보트는 서귀포 주상절리대를 유람하며 동시에 스릴을 즐길 수 있는 해양 레포츠다. 초고속 제트보트를 타고 시원한 바닷바람을 맞다 보면 어느새 지겨운 도시 생활의 흔적이 주상절리 풍경 너머로 날아간다.

제주 제트보트 선착장은 서귀포시 대포항 인근에 자리한다. 매일 아침 9시부터 오후 5시까지 20분마다 시속 70km로 질주하는 제트보트가 바다를 들쑤신다. 물살을 힘차게 내뿜으며 바다로 달리는 모습만 봐도 절로 시원해지는 기분이다.

제트보트 체험은 복장부터 심상치 않다. 우비를 입고 그 위에 구명조끼를 입는다. 체험 시간 20분 전 선착장 앞에 모여 복장을 착용하고 안전 교육을 받으면 출발 준비 완료다. 체험객을 태운 보트가 거친 모터 소리를 내며 무섭게 내달리기 시작한다. 최대 속도는 40노트(시속 74km가량)! 출렁이는 파도를 거침없이 질주하는 보트가 하늘로 붕 떴다가 내리꽂히기를 반복한다. 한순간에 바다는 놀이동산이 된다.

고속 질주를 마치고 속력이 줄자 주변 풍광이 서서히 눈에 들어오기 시작한다. 반환점인 주상절리에 도착한 것이다. 예리한 조각칼로 섬세하게 깎아 낸 듯한 6각형 형태의 주상절리는 현무암질 용암류에 나타나는 수직 절리를 말한다. 두꺼운 용암이 화구로 흘러나와 급격하게 식으면서 발생하는 수축 작용의 결과로 형성된다. 검붉은 돌기둥이 병풍처럼 둘러쳐져 있는 모습은 마치 한 폭의 아름다운 산수화 같다. 3~40m 높이의 기둥에 부딪히는 파도 또한 굉장한 볼거리다. 오직 제트보트를 타야만 볼 수 있는 특별한 경치다.

약 5분 정도 주상절리를 감상하고 나면 다시 선착장으로 복귀한다. 이

번에는 더욱 스릴 있는 '360도 회전'이 기다리고 있다. 고속 주행하던 보트가 급브레이크를 밟자 배가 미끄러지듯 그 자리에서 한 바퀴 돈다. 동시에 바닷물이 폭우처럼 머리 위로 쏟아진다. 보트 탑승 전 우비를 착용하는 이유다. 곡예 운전은 선착장으로 돌아올 때까지 멈추지 않는다. 체험 시간은 15분 내외지만 어찌나 짜릿한지 체감상 5분밖에 타지 않은 기분이다. 360도 회전할 때는 간이 콩알만 해졌지만 내리고 나니 한 번 더 타고 싶어지는 묘한 매력이 있다.

엉또폭포

변덕스럽기로 유명한 제주도 날씨! 제주 엉또폭포는 여행 중 비가 내려도 반가운 여행지다. 평소에는 건천이라 숲에 가려져 있다가 폭우가 내리면 그 모습을 드러내기 때문이다. 웬만큼 내리는 비에는 쉽게 모습을 드러내지 않는다. 한라산 산간 지역에 70mm가 넘는 비가 오거나 장마철이 되어야 그 모습을 제대로 보여 준다. 큰비가 오면 언제 물이 말랐었냐는 듯 메마른 절벽은 웅장한 위용을 내는 폭포로 변신한다. 50m의 높이에서 수직으로 쏟아져 내리는 물줄기가 어마어마하다. 폭포수가 흘러내리며 내는 굉음은 우레와도 같다. 근처 무인카페 엉또산장에는 폭포수를 보지 못하고 발걸음을 돌리는 관광객을 위해 스크린에 엉또폭포 영상을 상영한다.

주소 제주 서귀포시 엉또로 104 | **문의** 064-740-6000 | **입장료** 무료

부산 | 광안리 해양레포츠센터

광안리 해수욕장 바로 옆에 위치하고 있고 최대 800명을 수용할 수 있는 대규모 해양레포츠센터다. 제트보트를 비롯해 모터보트, 요트, 바나나보트, 카약 등 다양한 프로그램을 제공한다. 센터 내 교육장이 있어 학교, 단체, 교육기관 등에서 방문하기 좋다.

주소 부산 수영구 광안해변로 54번길 222 | **문의** 051-622-0027 | **이용료** 30,000원

거제 | 바람의 제트보트

거제 여행 명소인 바람의 언덕에 자리하고 있다. 보트를 타는 동안 해금강 십자동굴, 기암절벽 등을 감상하며 짜릿한 쾌감을 느낄 수 있다. 슬라이딩, 360도 회전 등 다양한 기술을 선보이는 제트보트는 잠시도 숨 돌릴 틈을 주지 않는다.

주소 경남 거제시 남부면 도장포1길 75 | **문의** 055-634-0060 | **이용료** 22,000원

여수 | 엑스포마린 제트보트

여수베네치아호텔 앞 전용 선착장이 있는 엑스포마린은 제트보트와 낭만 바다요트를 동시에 운영한다. 제트보트는 360도 회전뿐만 아니라 반잠수가 가능한 짜릿한 체험을 선사한다. 제트보트 체험 후 엑스포아쿠아리움에 방문하여 영수증을 제시하면 20% 할인을 받을 수 있다.

주소 전남 여수시 오동도로 61-13 | **문의** 0507-1436-5246 | **이용료** 25,000원

서귀포 | 쇠소깍 해양레저타운

쇠소깍 제트보트는 바다 위에서 180~360도까지 회전한다. 바다가 만들어 낸 물보라를 온몸으로 맞으며 제주의 특별한 추억을 쌓을 수 있다. 제트보트에서 감상하는 쇠소깍 해안 절경은 덤이다.

주소 제주 서귀포시 쇠소깍로 151-8 | **문의** 064-733-0252 | **이용료** 25,000원

#24 집라인

전북 군산
선유스카이SUN라인

허공을 가로지르는 쾌감
온몸으로 바람을 느끼다
빠른 속도로 배경 속에 뛰어드는 기분

#이아름다운섬 #그위를가장빠르게 #앞만보면안됨 #서해바람을가르는지금
#세상이내것

• Info •

주소 전북 군산시 옥도면 선유북길 136 | 문의 063-468-8602
운영시간 09:00~17:20(브레이크 타임 11:30~12:30) | 휴관 동절기(12월~2월)
이용료 대인 20,000원, 소인 18,000원
할인 군산시, 서천군 거주자 할인, 2번째 탑승 시 할인, 단체 할인

• 안전하게 •

체중 35kg 이상, 125kg 이하
신장 120cm 이상, 200cm 이하
체험 전 안전 장비 및 헬멧 착용
귀중품은 사물함에 보관
초등 저학년 이하는 보호자와 함께 출발
원격 출발 제어 시스템·도착 안전 시스템·원격 도착 보조시스템 시행 중
기상 상황(강풍, 우천, 강설 등)에 따라 이용 제한

©유은영

군산 선유도에서 즐기는 가장 핫한 액티비티로 선유스카이SUN라인을 꼽는다. 이 섬의 메인 해변인 선유도해수욕장을 가로지르는 집라인으로 바다를 향해 뛰어드는 기분을 느낄 수 있다.

선유도해수욕장 입구 근처 언덕에 높이 45m, 12층 규모의 집라인 타워가 서 있다. 여기서 바다 건너 700m 떨어진 솔섬에 하강장이 마련돼 있다. 집라인을 타고 가는 동안 선유도해수욕장, 망주봉, 대장도 등 고군산군도가 그려 내는 아름다운 풍광을 마음껏 감상할 수 있다.

표를 사서 올라가면 먼저 안전 장비와 헬멧을 착용한다. 12층까지는 엘리베이터로 이동한다. 10층과 11층은 전망대로 활용되고 있으니 차례를 기다리는 동안 선유낙조, 망주봉, 월영단풍 등 선유팔경을 찾아보자. 해수욕장 뒤편으로 보이는 것이 대각산, 월영산, 고군산대교이고, 정면 우측에 보이는 바위 봉우리가 망주봉이다. 발아래 길게 뻗은 선유도해수욕장은 고운 모래밭이 10리에 이른다고 하여 '명사십리해수욕장'이라고도 부른다. 백사장 폭이 넓고 바다가 깊지 않아 가족 단위 피서객에게 인기 있다. 정면 좌측으로 보이는 장자대교를 건너면 장자도, 대장도가 있고 그 너머로 보이는 섬은 관리도다. 이렇듯 선유도를 중심으로 63개의 크고 작은 섬들이 모여 있어 고군산군도라고 불린다.

집라인은 12층에서 출발한다. 장비를 모두 착용한 채 안내에 따라 탑승 지점에 선다. 안전장치를 확인하고 와이어에 체결하면 출발 준비가 끝난다. 줄 하나에 의지해 바람을 가르며 상공을 날아가는 순간, 체험객들은 신나는 탄성을 질러 댄다. 바다 위를 쏜살같이 지나는 동안 느끼는 자유로운 기분이 즐겁다. 700m가 이렇게 짧았나 싶게 금세 하강장에 도착한다. 바다

위에 설치된 데크 길을 따라 해변으로 걸어 나오면 차량이 체험객을 픽업해 출발지점으로 데려다준다.

집라인 체험 후 선유도해수욕장에서 물놀이를 즐기거나 해변에 앉아 한가로운 시간을 즐기는 것도 방법이다. 트레킹을 좋아한다면 망주봉이나 대장도 대장봉 트레킹을 추천한다.

옛 군산세관

대한제국(1908년) 시절에 지은 옛 군산세관은 한국은행 본점, 서울역과 함께 현존하는 3대 서양 고전주의 건축물로 꼽힌다. 고딕 양식의 지붕과 로마네스크 창문, 영국식으로 처마를 낸 현관 등 유럽 건축양식이 멋스럽다. 벽에 쌓아 올린 붉은 벽돌과 주요 건축 자재를 벨기에에서 가져와 지었다고 한다. 단층 건물이지만 지붕이 높고 양식이 예뻐 군산 여행에서 빠지지 않고 등장하는 포토 스폿이다.

국권피탈 이후 1945년까지 주로 호남과 충청 지역의 쌀과 곡식을 수탈하는 창구로 이용되던 곳이다. 1908년부터 85년간 군산세관으로 그 소임을 다했다. 본관 건물 외에 부속 건물 여러 채가 있었으나 모두 부서지고 현재 본관 건물만 남아 있다. 본관은 현재 호남관세박물관으로 사용하고 있다. 군산세관의 역사, 시대별 수출입 품목과 밀수품, 역대 세관장, 관복의 변천사 등을 전시한다. 박물관 뒤에는 같은 해에 지은 세관 창고를 리모델링한 카페도 있다.

주소 전북 군산시 해망로 244-7 | **문의** 063-730-8721 | **입장료** 무료

©유은영

also YELLOW •

정선 | 병방치집와이어
동강을 굽어볼 수 있는 병방치 절벽 위에 건설한 시설이다. 해발 583m 지점에서 집와이어를 타고 동강까지 내려가는데 경사가 심해 다른 어떤 곳보다 짜릿한 쾌감을 느낄 수 있다. 구간 길이 또한 1.2km로 무척 긴 편이라서 느긋하게 동강과 주변 산들의 풍광을 즐길 수 있다.

주소 강원 정선군 병방치길 235 | **문의** 033-563-4100 | **이용료** 35,000원

강진 | 강진집트랙
집트랙을 체험하려면 강진만에 있는 가우도로 가야 한다. 청자다리를 건너 모노레일을 타거나 숲길을 걸어 청자타워로 간다. 1층에서 장비를 착용하고 엘리베이터로 상부로 이동한 뒤 집트랙을 체험한다. 신장 120cm 이상 가능.

주소 전남 강진군 도암면 가우도길 49-9 | **문의** 061-433-9500 | **이용료** 25,000원

강릉 | 아라나비
남항진해변과 안목방파제 사이에 연결된 집라인이다. 편도 600m로 4개 라인을 운영 중이다. 일반적으로 집라인은 편도로만 체험하는데 아라나비는 왕복 탑승이다. 하늘자전거와 같이 탈 수 있는 2종 패키지도 있다. 체중 30~130kg 사이만 이용 가능하며, 30kg 이하는 성인 동반 체험.

주소 강원 강릉시 공항길 127번길 35-7 | **문의** 0507-1332-9008 | **이용료** 20,000원

가평 | 브릿지짚라인
칼봉산 입구에 자리한 집라인으로 총 8개의 코스로 구성되어 다이내믹한 재미가 있다. 집라인 길이가 짧게는 120m, 가장 긴 것은 528m로 코스마다 난이도가 달라 짜릿한 쾌감을 선사한다. 체중 30~100kg 사이. 신장 190cm 이하 이용 가능.

주소 경기 가평군 가평읍 경반안로 417-11 | **문의** 031-581-7335 | **이용료** 66,000원

문경 | 짚라인문경
문경 불정산자연휴양림 옆에 자리한 집라인이다. 9개의 코스로 구성되어 다채로운 즐거움을 느낄 수 있다. 빠른 코스, 느린 코스, 긴 코스, 마음껏 소리 지르는 코스 등 9가지 코스마다 다른 매력이 있다. 코스 이동이나 시작 전 기념사진 찍기 좋다.

주소 경북 문경시 불정길 174 | **문의** 1588-5219 | **이용료** 59,000원

강원 원주
소금산그랜드밸리

·

중국 장자제가 부럽지 않은 풍경
심장 쫄깃한 스릴
하늘을 걷는 이색 체험

#쉽게보면안됨 #시작지점도아찔함 #잔도지나출렁다리울렁다리 #소금산절벽

· Info ·
주소 강원 원주시 지정면 소금산길 12 | 문의 033-749-4860
운영시간 09:00~18:00(5~10월) 09:00~17:00(11~4월) | 휴무 월요일
이용료 대인 9,000원, 소인 5,000원
할인 만65세 이상, 한부모·다자녀 가구, 장애인, 국가유공자

· 소금산그랜드밸리 ·

• 안전하게 •

음료수나 간식 준비
자외선 차단제와 모자 필수
굽이 있는 신발은 자제
난간에 과도하게 기대기, 달리기, 점프 금지

소금산출렁다리로 유명한 간현유원지가 소금산그랜드밸리라는 이름으로 새롭게 태어났다. 2018년 개장 이래 300만 명의 관광객이 찾은 소금산 출렁다리에 더해 절벽 위를 걷는 360m 잔도와 전망대인 스카이타워, 출렁다리보다 2배나 긴 울렁다리를 추가해 프리미엄 복합문화 관광지로 거듭난 것. 출렁다리와 잔도 사이 700m 구간은 나무 데크가 설치된 멋진 산책로로 변신했다.

소금산그랜드밸리를 한 바퀴 도는 데는 최소 2시간 30분 정도의 시간이 필요하지만 오르고 내리는 구간이 거의 없고, 걷는 내내 그림 같은 풍경을 감상할 수 있어 지루할 새가 없다. 단, 매표소에서 출렁다리를 잇는 계단(578개) 구간을 오를 때는 땀 좀 뺄 각오를 해야 한다.

소금산그랜드밸리의 출렁다리, 울렁다리, 잔도의 바닥은 격자형 강철 소재(스틸 그레이팅)로 마감했다. 아래가 훤히 내려다보이는 심장 쫄깃한 스릴을 선사한다. 출렁다리와 울렁다리의 지상고는 자그마치 100m, 잔도는 해발 200m 지점에 설치됐다. 간현주차장에서 출렁다리를 잇는 케이블카와 데크 산책로 주변 하늘정원, 울렁다리와 간현유원지를 오가는 에스컬레이터도 곧 선보일 예정이다.

소금산그랜드밸리의 전체 구간을 걷기가 부담스럽다면 출렁다리를 건넌 뒤 옛 등산로에 조성한 '소금산 스카이워크 브리지'를 따라 출렁다리 입구로 돌아올 수 있다. 소금산 스카이워크 브리지 거리는 334m이다.

소금산그랜드밸리의 밤은 나오라쇼(Night of Light Show)가 책임진다. 저녁 8시 30분부터 50분간 진행하는 나오라쇼는 출렁다리 아래 자연절벽을 스크린 삼아 펼치는 미디어파사드와 최대 60m까지 솟는 화려한 음악 분수 쇼로 구성돼 있다. 4월에서 10월까지, 매주 토요일과 일요일에 진행되는 나오라쇼 관람은 무료. 야외에서 진행하는 공연이다 보니 장마철(7~8월)에는 휴장한다.

뮤지엄산

뮤지엄산 전시관은 종이를 주제로 한 페이퍼갤러리와 미술관인 청조갤러리로 나뉜다. 페이퍼갤러리는 '지'라는 음을 가진 한자 '紙(종이)', '持(가지다)', '志(뜻)', '至(이르다)'를 주제로 꾸며졌다. '종이(Paper)'의 어원인 된 파피루스를 시작으로 종이로 만든 요강, 종이호랑이 등 흥미로운 볼거리가 가득하다. 국보로 지정된 초조본 대방광불화엄경도 이곳에 있다. 한국 근현대 미술의 흐름을 일목요연하게 엿보는 창조갤러리도 차분히 둘러볼 만하다. 빛의 마술사라 불리는 터렐의 작품을 만나는 제임스터렐관과 다양한 명상 프로그램을 제공하는 명상관도 놓치기 아깝다. 프라워가든에 우뚝 서 있는 알렉산더 리버만의 'Archway'는 뮤지엄산의 랜드마크다.

주소 강원 원주시 지정면 오크밸리 2길 260 | **문의** 0507-1430-9001
입장료 23,000원(성인)

also YELLOW •

거창 | 우두산 출렁다리

거창 우두산 중턱에 있는 'Y'자 형 출렁다리로 이용료는 없다. 해발 620m 지점에 설치된 출렁다리의 총 길이는 109m, 지상고는 60m이다. 거창 항노화힐링랜드 주차장에서부터 약 15분 가량 산자락을 오르면 출렁다리 앞에 이른다. Y자로 나뉘는 다리 양쪽에 전망대가 자리한다.

주소 경남 거창군 가조면 의상봉길 830 | **문의** 055-940-7930 | **이용료** 무료

임실 | 옥정호 출렁다리

요산공원과 붕어섬을 잇는 길이 420m의 출렁다리다. 옥정호를 발아래 두고 붕어섬 생태공원으로 들어설 수 있다. 출렁다리 중간에 붕어를 형상화한 83.5m 주탑은 하나의 전망대다. 오전 9시부터 하절기는 오후 6시, 동절기는 오후 5시까지 입장 가능하며, 매주 월요일은 휴무다.

주소 전북 임실군 운암면 입석리 413-1 | **문의** 063-640-4551
이용료 3,000원(붕어섬 생태공원 입장료 포함)

예산 | 예당호 출렁다리

하늘을 나는 황새를 형상화한 길이 402m의 출렁다리다. 출렁다리가 가로지르는 예당호에서는 주간과 야간에 각각 2~3회씩 펼쳐지는 음악 분수 쇼까지 무료로 즐길 수 있다. 출렁다리 출입구인 예당관광지에는 모노레일을 비롯해 조각공원, 공연장, 국민야영장 등을 운영한다.

주소 충남 예산군 응봉면 예당관광로 161 | **문의** 041-339-8282 | **이용료** 무료

제천 | 옥순봉 출렁다리

청풍호를 가로질러 옥순봉 산 아래로 이어지는 길이 222m의 출렁다리다. 청풍호 수면에서 출렁다리까지는 만수위일 때 12.8m, 최저 수위일 때 32.4m이다. 손 닿을 듯 가까운 옥순봉을 바라보며, 때마다 달라지는 청풍호 풍경 위를 걸을 수 있다.

주소 충북 제천시 수산면 옥순봉로 342 | **문의** 043-641-6738 | **이용료** 3,000원(제천지역화폐 2,000원 제공)

파주 | 마장호수 출렁다리

마장호수를 가로지르는 220m 길이의 출렁다리다. 양방향에서 마장호수 둘레길과 연결돼 연계해서 걷기에 좋다. 주차장에서 약 150m의 근린공원 숲을 지나면 출입구가 나온다. 출입구 전망대 카페에서 바라보는 출렁다리 풍경도 근사하다. 전망대 카페는 메뉴 주문 시에만 입장 가능하다.

주소 경기 파주시 광탄면 기산로 313 | **문의** 031-950-1941 | **이용료** 무료

춘천
춘천중도물레길

북한강을 즐기는 특별한 방법
배를 저어 가자
낭만 가득 싣고

#조금느리게 #내가스스로 #자연스러운흐름 #시간과함께흘려보내는
#낭만의도시춘천에서

• Info •

주소 강원 춘천시 스포츠타운길 223길 95 | 문의 033-243-7177
운영시간 08:00~18:00 | 휴무 연중무휴
이용료 2인 기준 30,000원 (추가 성인 10,000원, 어린이 5,000원)
할인 없음

• 춘천중도물레길 •

구명동의 착용 필수
편한 신발과 가벼운 복장

춘천 의암호는 체험 카누의 발상지다. 올림픽 종목으로만 알고 있던 카누는 춘천물레길이 생기면서 대중적으로 사랑을 받기 시작했다. 춘천물레길은 2015년 한국관광공사가 선정한 '한국관광 100선'에 당당히 이름을 올렸다.

체험 카누는 안전 교육으로 시작한다. 1시간의 체험 시간 중 안전 교육은 15분. 이 시간 동안 카누 조작법과 이동 코스 그리고 비상 시 대처 요령에 대해 배운다. 카누 조작법은 간단한 듯 어렵다. 노를 저어 앞뒤좌우로 이동하는 게 전부지만, 막상 카누에 올라 노를 저어 보면 원하는 방향으로 나아가기가 쉽지 않다. 카누와 닮은 카약을 타 본 사람이라면 조금 의아할 수도 있다. 외날 노를 사용하는 카누는 양날 노를 사용하는 카약에 비해 조종성이 확연히 떨어진다.

카누를 멋지게 몰기 위해선 선수와 선미에 앉은 두 사람의 조화와 균형이 중요하다. 노는 엇갈린 방향에서 동시에 젓고, 선수와 선미의 힘이 균형을 이뤄야 한다. 사실 노 젓기는 머리가 아닌 몸으로 익히는 게 가장 빠르다. 자전거를 배울 때처럼 몇 번 시행착오를 겪으면 자연스레 요령이 생긴다. 단, 제자리에서 회전하는 방법 같은 몇몇 노 젓기 방법은 기억해 두면 유익하다. 체험 카누에서 가장 당황스러운 순간이 수풀이나 강 언저리와 맞닥뜨릴 때다. 이때 선미에 앉은 사람이 회전 방향으로 후진을, 선수에 앉은 사람이 반대 방향으로 전진을 하면 카누를 제자리에서 안전하게 회전시킬 수 있다. '도움이 필요할 때는 노를 위로 높이 들라'거나, '카누끼리 마주치면 밀어내지 말고 그냥 부딪히라' 등의 상황 대처법은 반드시 숙지해야 한다.

춘천중도물레길에는 자연생태공원길, 물풀숲길, 철새둥지길, 중도종주길, 스카이워크길 등 모두 5가지 코스를 운영한다. 서바이벌카누와 파티카누는 춘천중도물레길에서만 즐기는 특별 이벤트. 카누 1대에 어른 3명 혹은 어른 2명과 어린이 2명까지 탑승할 수 있다. 내 손으로 직접 카누를 만들어 보는 우든카누 제작 교실은 5주 과정으로 진행된다.

강촌레일바이크 김유정역 레일바이크

옛 경춘선 철로를 활용한 레일바이크다. 경춘선 김유정역 바로 옆에서 출발하는 레일바이크는 전체 8.5km 가운데 처음 6km는 레일바이크로, 나머지 2.5km는 낭만열차로 이동한다. 전체 구간이 완만한 내리막으로 이뤄져 큰 힘 들이지 않고 레일바이크의 재미를 만끽할 수 있다. '바람개비', '해피버블', '은하수', '클럽붐바스틱' 등 각기 다른 테마로 꾸민 4개 터널도 인상적이다. 낭만열차 종착역인 강촌역에서 김유정역까지는 무료로 운행하는 셔틀버스를 이용해 돌아오면 된다. 레일바이크가 출발하는 김유정역 탑승장에는 책을 형상화한 대형 조형물과 카페, 포토 존 등이 마련돼 잠시 쉬어 가기 좋다.

주소 강원 춘천시 신동면 김유정로 1383 | **문의** 033-245-1000
이용료 2인승 40,000원, 4인승 56,000원

춘천 | 킹카누 나루터

12인승 킹카누를 운영하는 곳으로 여럿이 함께 카누를 즐길 수 있다. 휠체어 탑승도 가능하다. 킹스맨이라 부르는 전문 카누 운영직원이 동승하며, 의암호의 자연과 지역 역사 문화를 해설해 준다. 킹카누 트레킹, 바이크, 캠핑 등 다양한 레저 문화와 연계한 프로그램을 연중 운영한다.

주소 강원 춘천시 송암동 684 | **문의** 033-251-9600 | **이용료** 20,000원(성인)

충주 | 장자늪 카누체험

남한강 줄기, 잔잔하게 흐르는 장자늪을 가로지르는 카누 체험이다. 중앙탑휴게소 인근 버드나무 숲에서 목계솔밭까지 약 3.3km의 수로를 따라 카누 체험이 진행된다. 거주 지역명에 주(州)자가 들어간 도시민은 충주 시민과 동일한 50% 할인 가격으로 이용할 수 있다. 자기 차량으로 이동 시 목계솔밭캠핑장의 카누 전용 주차장을 이용하면 된다.

주소 충북 충주시 중앙탑면 장천리 399 | **문의** 070-4282-0273 | **이용료** 20,000원(성인)

홍천 | 배바위카누마을

물 맑은 홍천강에서 즐기는 카누 체험 마을로 캠핑장과 숙박 시설을 갖췄다. 숙박 없이 카누만 체험할 수 있다. 카누 체험 코스는 충의대교 아래에서 배바위를 오가는 왕복 4km 구간이다. 새벽 물안개 카누 체험 코스도 있다. 예약은 이용일 하루 전까지 가능하다. 일반 카누 외에 투명 카누, 카약, 목공 체험, 향수 만들기 등 다양한 프로그램도 운영한다.

주소 강원 홍천군 서면 마곡길 153-5 | **문의** 010-2474-3011 | **이용료** 20,000원(성인)

진천 | 백곡카누

백곡발전영농조합에서 운영한다. 두 곳의 체험장이 마련돼 있으며, 보유한 카누 35대 가운데 20대는 주민들이 직접 제작한 목재 카누다. 체험 소요 시간은 약 1시간으로 탑승 전 안전 교육과 카누 교육을 포함한다. 체험 운영 중에는 인명구조원과 안전요원이 탑승한 인명구조선이 강 위를 상시 대기한다. 예매는 전화만 가능.

주소 충북 진천군 백곡면 장터길 15-10 | **문의** 043-533-5168 | **이용료** 30,000원(성인 2인)

강원 인제
인제스피디움

．

국내 유일 모터스포츠 테마파크
당신의 질주 본능을 깨운다
무한질주! 무한도전!

#이것이드라이빙이다 #선수들이타는서킷 #체험서킷부터 #라이선스획득까지
#질주도전

• Info •

주소 강원 인제군 기린면 상하답로 130 | 문의 1644-3366
운영시간 스포츠 주행이 있는 날만 가능(홈페이지 참조) 레이싱 카트 09:30~15:30
휴무 매주 월요일 및 서킷 점검일
이용료 체험별 상이, 본문 참고 | 할인 인제 스피디움 호텔 투숙객 10% 할인

• 인제스피디움 •

헬멧 착용 필수
가급적 긴 바지와 운동화 착용
무리한 주행 금물

2013년 개장한 인제 스피디움은 총연장 3.908km의 트랙을 갖춘 모터스포츠 전용 서킷이다. 최고 속력을 낼 수 있는 640m 메인 직선 구간을 중심으로 다양한 난도의 19개 코너 구간으로 구성됐다. 산악 지역에 조성한 서킷답게 고저 차를 활용한 다이내믹한 드라이빙도 인제 스피디움의 자랑인데, 오르막 경사율은 최대 11.77%(약 6.5도)에 이른다. 인제 스피디움에서는 일반인을 대상으로 다양한 모터스포츠 체험을 진행한다. 서킷택시와 서킷사파리가 대표적이다.

서킷택시는 전문 레이서가 운전하는 레이싱 차량에 동승해 3.908km의 풀코스를 달려 보는 체험이다. 직선 구간을 시속 200km에 육박하는 속도로 내달리고 미끄러지듯 드래프트로 코너 구간을 지날 때의 짜릿함은 평생 기억에 남을 만큼 강렬하다. 전문 드라이버에게서 인제 스피디움 서킷의 레코드라인(서킷에서 가장 빠른 기록을 낼 수 있는 주행 라인)을 배울 수 있다는 점도 매력이다. 서킷택시는 최대 2인까지 동반 탑승이 가능하며, 1인 50,000원, 2인 80,000원이다.

서킷사파리는 서킷라이선스 없이 자신의 차량으로 서킷을 주행하는 체험이다. 전문 드라이버가 운전하는 선도 차량을 따라 서킷을 총 3바퀴 돌게 된다. 처음 2바퀴는 시속 40~50km로, 마지막 3번째 바퀴에서는 시속 60~70km까지 속도를 높여 볼 수 있으며, 메인 직선 구간에서는 최고 출력으로 달려 볼 수 있다. 인제 스피디움의 서킷 라이선스를 취득하면 자신의 차량으로 선도 차량 없이 서킷을 누비는 스포츠 주행에 도전해 볼 수 있다. 서킷사파리 3Lap 40,000원.

인제 스피디움에는 레저카트 체험을 위한 전용 트랙도 있다. 고카트

(go-kart)라고도 부르는 레저카트는 일반 차량에 비해 구조가 간단하다. 조향 장치인 핸들과 가속 페달, 브레이크 페달이 전부. 덕분에 누구나 쉽게 체험이 가능하다. 인제 스피디움 카트센터에는 스포츠카트와 2인용 레저카트가 준비돼 있으며, 스포츠카트의 경우 운전면허증 소지자에 한해 체험이 가능하다. 레저카트 체험 시간은 10분이며, 체험 비용은 스포츠카트 50,000원, 2인용 레저카트 30,000원이다.

속삭이는 자작나무숲

원대리 속삭이는 자작나무숲은 1989년 조림을 시작해 2012년부터 일반에 개방됐다. 자작나무의 수명은 40~50년으로 이곳 자작나무숲도 어느덧 노년의 나이로 접었다. 장년의 중후함을 지나 노년의 원숙함으로 농익은 숲은 그래서 넉넉하고 풍요롭다. 원대리 자작나무숲을 만나기 위해서는 약간(?)의 발품을 들여야 한다. 가장 일반적인 원정임도와 별바라기숲을 따라갈 경우 대략 3km쯤 걸어야 한다. 조금 지루한 임도는 별바라기숲 입구에서 예쁜 오솔길로 모습을 바꾼다. 속삭이는 자작나무숲의 랜드마크인 '숲속교실'은 별바라기숲에서 600m쯤 떨어져 있다. 숲속교실 앞에 있는 자작나무로 만든 인디언 집은 기념사진을 찍기 위해 모여든 탐방객으로 늘 붐비는 포토 존이다. 원대리 속삭이는 자작나무숲에는 진입로인 원정임도(2.9km)와 원대임도(2.7km) 외에 자작나무코스(0.9km), 치유코스(1.5km), 힐링코스(0.86km) 등 7개 코스의 산책로가 조성돼 있어 다양한 난도의 길을 걸어 볼 수 있다.

주소 강원 인제군 인제읍 자작나무숲길 760 | **문의** 033-463-0044 | **입장료** 무료

인천 | BMW 드라이빙센터

BMW사에서 운영하는 자동차 복합 문화공간이다. 사전 예약을 통해 BMW사의 다양한 차량으로 테스트 드라이브를 할 수 있다. 운행 시간은 30분. 체험 가격은 차종에 따라 80,000~140,000원이다. 다양한 이벤트도 상시 운영한다. 프로그램 확인 및 예약을 위해서는 홈페이지 회원 가입이 필수다.

주소 인천 중구 공항동로 136 | **문의** 080-700-8000

제주 제주
9.81 파크

•

발아래 제주 바다를 내려놓는 방법
지구의 운동법칙에 몸을 맡겨라!
자동으로 스마트하게 즐기는 중력의 스피드

―

#루지랑다름 #무동력카트의매력 #중력을느끼는방법 #완전빠른중력
#왜자꾸신남

• Info •

주소 제주 제주시 애월읍 천덕로 880-24 | **문의** 1833-9810
운영시간 09:00~18:00 | **휴관** 연중무휴(기상악화 시 운행 중단 가능)
이용료 981풀패키지 49,500원, 1인승 레이싱 3회 39,500원
할인 신분 할인, 장애인 할인, 단체 할인

• 9.81 파크 •

GR-E 14세 이상, 신장 150cm 이상 이용 가능
반드시 앞뒤가 막힌 굽 없는 신발(운동화) 착용
모자, 머플러 및 액세서리 착용 금지

애월 바다와 한라산 사이 자리한 제주 9.81 파크에서는 국내 최초의 무동력 레이싱 카트를 즐길 수 있다. 제주 9.81 카트는 엑셀 없이 브레이크만 있는 것이 특징이다. 카트의 무게만으로 비탈진 코스를 움직이는 중력가속도가 적용된 카트 시스템이기 때문이다. 종착지인 피니시 라인을 통과하면 자동 회차 시스템이 작동한다. 운전자가 가만히 있어도 카트 스스로 오르막을 올라간다. 운전대에서 손을 놓고 두 팔을 활짝 펼치면 제주의 자연이 한 아름 안긴다.

카트 조작 방법은 간단하다. 핸들로 방향 전환을 하고 속도를 늦추고 싶을 때는 브레이크를 밟으면 된다. 안전에도 걱정 없다. 시속 40km가 넘어가면 카트 속도를 줄여 주는 자동 속도 제어장치가 작동한다. 트랙 양옆으로 둔덕이 있어 트랙을 벗어날 염려도 없다.

카트 트랙은 난이도에 따라 1코스, 2코스, 3코스, X코스 총 4종류로 나뉜다. 아이를 동반한 가족 단위 방문객은 초급 코스인 3코스를 주로 이용하고 나머지는 중급 코스인 2, 3코스를 이용한다. X코스는 상급 코스로 마스터 라이선스를 획득한 상위 레이서만 즐길 수 있다.

코스와 상관없이 카트 소요 시간은 1~2분이다. 한 번은 아쉽다. 3~5회권 등 다회 이용권도 있다. 입장 전 '9.81PARK' 스마트폰 전용 어플리케이션 다운로드가 필수다. 카트 탑승 전 앱을 통해 안전교육을 시청해야 하기 때문이다. 앱 설치 후 티켓에 적힌 숫자를 입력하거나 NFC 스캔 후 자신의 계정과 연동하면 레이싱 기록과 고화질 탑승 영상을 확인할 수 있다.

카트를 처음 탈 때는 가속도가 붙을수록 두려움이 엄습한다. 당연히 기록은 엉망진창이다. 두 번째는 다르다. 요령도 늘고 무엇보다 즐기기 시작한다. 횟수를 거듭할수록 기록을 갱신하는 짜릿함에 중독된다. 스마트폰 앱으로 개인전 및 팀전 배틀을 할 수 있다. 동행과의 기록 배틀은 어떨까? 여행지에서 비싸고 맛있는 저녁을 얻어먹을 수 있는 절호의 기회다! 졌어도 신나는 마음으로 내가 살 수도 있겠다. 시원한 바람이 얼굴을 스치고 발아래로는 비양도를 품은 푸른 제주 바다가 펼쳐진다. 아름다운 풍경이 더해지니 즐거운 함성은 더욱 높이 울린다.

아르떼뮤지엄

아르떼뮤지엄은 몰입형 미디어아트 전시관이다. 스피커 제조공장이었던 건물을 리모델링하여 면적 4,628㎡(1,400평), 높이 10m의 벽을 스크린으로 활용한 미디어아트의 세계가 펼쳐진다. 짜릿한 중력가속도에 잔뜩 힘이 들어간 두 어깨를 가볍게 내려놓고 전시를 관람해 보자. 빛과 소리가 만드는 자연을 테마로 해변, 파도, 폭포, 꽃, 달 등 10점의 작품을 관람할 수 있다. 특히 해변 전시실에는 벽에서부터 바닥까지 하나의 스크린이 되어 파도가 넘실거린다. 두 발 근처까지 파도가 다가왔다가 사라지고 나면 어느샌가 실제 파도가 치고 있는 것과 같은 착각에 빠진다.

주소 제주 제주시 애월읍 어림비로 478 | **문의** 1899-5008 | **입장료** 17,000원(성인)

정선 | 화암 카트 체험장

화암관광단지 내 조성되어 있는 레포츠 시설이다. 260m 트랙 위 최고속도 50km/h의 고성능 카트를 질주할 수 있다. 카트 체험은 물론 어린이 교통안전교육 등 다양한 프로그램을 운영한다.

주소 강원 정선군 화암면 소금강로 973 | **문의** 033-560-3410 | **이용료** 12,000원

거제 | 오션뷰 카트 체험장

거제도 망치리 해변에 위치한 거제 오션뷰 카트 체험장이다. 카트를 포함한 모든 시설은 바다를 조망하며 즐길 수 있다. 범퍼카, 깡통기차 등 아이들이 좋아할 만한 놀이기구도 갖췄다.

주소 경남 거제시 일운면 거제대로 1514-18 | **문의** 0507-1310-6990 | **이용료** 25,000원

통영 | 더 카트인

더 카트인 통영은 드라이빙 테마파크다. 아시아 최초로 실내 트랙과 실외 트랙이 합쳐진 서킷을 보유하고 있다. 카트는 안전을 고려해 성인용과 주니어 카트로 분리해 운영한다.

주소 경남 통영시 도산면 도산일주로 147 | **문의** 0507-1332-2695 | **이용료** 25,000원

가평 | 레저카트장

카트 차체를 낮춰 체감 속도를 배로 느낄 수 있는 체험장이다. 카시트를 구비해 영유아 탑승도 가능하다. 추가로 범퍼카나 사격 체험 시설도 있다. 카트와 함께 체험하면 할인이 된다.

주소 경기 가평군 상면 수목원로 40 | **문의** 0507-1400-6070 | **이용료** 20,000원

서귀포 | 중문카트

중문 관광단지 근처에 위치한다. 탑승 시간은 10~15분가량이며 티켓 교환 후 체험장으로 가면 순서대로 탑승할 수 있다. 카트는 1인용과 2인용이 있고 28개월 이상 150cm 이하 어린이는 성인 보호자와 동반 탑승이 가능하다.

주소 제주 서귀포시 일주서로 1114 | **문의** 064-738-8585 | **이용료** 12,500원

강원 춘천
삼악산호수케이블카

호수와 산을 동시에 즐기는 법
한 곳에서 케이블카와 스카이워크~
반려견 동반 탑승 가능! 두둥!

#편히앉아가는거같지만 #내심장너무쿵쾅 #손잡아주세요 #드론이된기분

• Info •

주소 강원 춘천시 스포츠타운길 245 | **문의** 1588-4888
운영시간 09:00~21:00(7~9월, 토요일 22:00까지, 월별 운영시간 상이) | **휴무** 매월 상이 (홈페이지 참조)
이용료 일반 캐빈 대인 23,000원, 소인 17,000원 / 크리스털 캐빈 대인 28,000원, 소인 22,000원
할인 제휴 할인 내용 홈페이지 참조

• 삼악산호수케이블카 •

• 안전하게 •

캐빈 안에서 뛰거나 문에 기대는 행동 금지
캐빈 문이 완전히 열린 뒤 승하차
경사진 데크 산책로에서 미끄러짐 주의

삼악산호수케이블카는 삼천동에서 의암호를 가로질러 삼악산을 연결한다. 운행 거리는 3.61km. 운행 시간은 편도 18분 정도다. 삼악산호수케이블카에서 운영하는 캐빈은 앞뒤좌우 4면을 모두 투명하게 제작한 것이 특징이다. 바닥이 강화유리로 된 크리스털 캐빈을 선택하면 천장을 뺀 모든 면이 투명해 공중에 떠 있는 듯한 짜릿한 스릴을 맛볼 수 있다. 삼악산호수케이블카에서는 일반 캐빈 46대, 크리스털 캐빈 20대 등 총 66대의 캐빈을 운영한다. 캐빈 탑승 인원은 8명이며, 빈자리가 있을 경우 다른 일행과 동반 탑승을 원칙으로 한다.

삼악산호수케이블카를 즐기는 날, 스카이워크 전망대를 빼놓을 수 없다. 스카이워크 전망대는 해발 433m에 위치한 상부 승강장에서 나무 데크를 따라가면 만날 수 있다. 전체 822m인 나무 데크 산책로는 완만한 경사를 일정하게 유지하기 위해 지그재그로 조성됐다. 상부 승강장에서 스카이워크 전망대까지 어른 걸음으로 25분쯤 걸린다.

'ㄷ'자 모양의 스카이워크 전망대에 서면 의암호와 붕어섬, 그리고 멀리 춘천 시내가 한눈에 담긴다. 나란히 이어진 두 개의 진입로에 단차가 생기도록 앞쪽 진입로를 경사지게 설계한 점이 인상적이다. 덕분에 두 진입로 어디에서든 막힘없는 풍경을 감상할 수 있다. '스카이워크'라는 이름처럼 두 진입로가 만나는 전망대 끝 바닥은 강화유리로 되어 있다.

삼악산호수케이블카는 15분 간격으로 운행하는 전용 캐빈에 한해 반려견 동반 탑승을 허용한다. 반려견과 함께 케이블카를 타기 위해서는 매표소에 광견병 예방 접종에 대한 내용(사진 대체 가능)을 확인받아야 하며, 모든 장소에서 리드줄 착용은 필수다. 반려견 외 반려동물과 법적 맹견, 몸무게 45kg 이상인 반려견은 탑승할 수 없다. 상부 승강장과 스카이워크 전망대를 잇는 데크 산책로는 공간이 협소해 반려견 입장을 제한한다. 반려견 탑승료는 무료. 삼악산호수케이블카 상·하부 승강장에는 식당과 커피숍, 기념품 판매점 등 편의시설이 마련돼 있다.

제이드가든

유럽풍으로 꾸민 테마 수목원이다. 16만 3,500㎡ 규모의 수목원에 2,600여 종의 식물이 자란다. 이탈리아 토스카나풍으로 지은 수목원 입구 방문객 센터를 시작으로 영국식 보더가든, 이탈리안 웨딩 가든 등 이국적인 풍경을 만날 수 있다. '나무내음길'과 '숲속의바람길'이라 이름 붙인 예쁜 산책로를 따라 걸으며 수목원 곳곳에 보석처럼 숨어 있는 24개 테마 정원을 찾아보는 재미가 쏠쏠하다. '나무내음길'은 바닥에 나무 향이 배어 있는 우드 칩을 곱게 깔아 폭신폭신 편하게 걸을 수 있다. '나무내음길'과 '숲속의바람길'은 모두 매표소에서 시작해 수목원 꼭대기인 가드너스 코티지나 스카이가든에서 끝난다. 두 코스 모두 편도 40~60분 정도 걸린다.

주소 강원 춘천시 남산면 햇골길 80 | **문의** 033-260-8300 | **입장료** 11,000원(성인)

무주 | 덕유산 곤돌라

무주리조트와 설천봉을 오가는 케이블카다. 2.6km 거리를 초속 5m 속도로 운행한다. 설천봉에서 덕유산 정상인 향적봉까지 등산로로 이어진다. 설산 풍경을 자랑하는 12월부터 다음 해 2월까지가 성수기로 온라인 사전 예약자만 이용할 수 있다. 10월과 11월은 사전 예약과 현장 발권, 3월부터 9월까지는 선착순 현장 구매로 운영한다.

주소 전북 무주군 설천면 만선로 185 | **문의** 063-322-9000 | **이용료** 22,000원(성인/왕복)

속초 | 설악케이블카

설악산국립공원 소공원에서 해발 700m 높이의 권금성을 오가는 케이블카다. 1970년 설립한 설악케이블카는 2002년 전면 재설치 공사를 통해 새롭게 태어났다. 권금성탑승장에서 도보 약 10분 거리에 기암괴석으로 이뤄진 권금성 봉화대가 있다. 케이블카의 편도 운행 시간은 10분.

주소 강원 속초시 설악산로 1085 | **문의** 033-636-4300
이용료 15,000원(성인/왕복/문화재구역 입장료 별도)

해남 | 두륜산케이블카

두륜산의 많은 봉우리 가운데 아름답기로 이름 난 두계봉을 오가는 케이블카다. 상부 승강장에서 두계봉까지 짧은 산책로가 마련됐다. 두계봉에서 바라본 다도해가 일품이다. 등산용 배낭 및 스틱 등을 가지고 탑승할 수 없다. 하산길은 물론 이어진 등산로가 없어 왕복 탑승만 가능하다.

주소 전남 해남군 삼산면 대흥사길 88-45 | **문의** 061-534-8992 | **이용료** 13,000원(성인/왕복)

하동 | 하동케이블카

금오산(해발 849m) 정상을 오가는 케이블카다. 케이블카를 타고 한려해상국립공원의 절경을 감상할 수 있다. 바닥이 투명한 크리스털 캐빈도 운영한다. 다양한 이벤트를 연중 진행하니 방문 전 홈페이지로 확인하자. 온라인 예매 시 할인 적용을 받을 수 있지만, 당일 사용은 불가능하다. 당일은 현장 매표로 이용할 수 있다.

주소 경남 하동군 금남면 경충로 46-7 | **문의** 055-883-2000 | **이용료** 20,000원(성인/왕복)

전남 목포
해상케이블카

바다 위를 날아가는 듯
바다 위로 떨어지는 듯
아찔하고 황홀한 노을 감상

#바다위에앉아 #수평선너머해따라 #위에서본바다풍경 #이토록잔잔해
#일상도평온하길

· Info ·

주소 전남 목포시 해양대학로 240(북항 스테이션), 목포시 고하도안길 186(고하도 스테이션)
문의 061-244-2600
운영시간 월~금요일 09:30~20:00(매표 종료 19:00), 토·공휴일 09:00~21:00(매표 종료 20:00),
일요일 09:00~20:00(매표 종료 19:00) | **휴관** 연중무휴
이용료 왕복 대인 24,000원, 소인 18,000원(크리스털 캐빈 대인 29,000원, 소인 23,000원) /
편도 대인 19,000원, 소인 13,000원(크리스털 캐빈 22,000원, 소인 16,000원)
할인 연중 다양한 할인 및 이벤트 진행(홈페이지, 인스타그램 확인), 네이버 등 예약 시 4~5% 할인

· 해상케이블카 ·

· 안전하게 ·

기상 상황 등 안전상 이유로 사전 공지 없이 조기 운행 마감 또는 휴장할 수 있음

캐빈 내에 버너, 애완동물, 자전거, 인라인, 킥보드, 드론 등 반입 불가

총포, 도검류, 유류, 가스 등 위험물 반입 불가

크리스털 캐빈 탑승 시 스틱, 우산, 지팡이 이용 금지

전동 휠체어는 일반 휠체어로 교체 후 탑승(승강장에 비치)

고령자, 임산부, 영유아는 보호자 동반 탑승

목포해상케이블카는 원도심과 유달산, 목포 앞바다와 섬, 산책하기 좋은 고하도까지 한꺼번에 맛볼 수 있어 다채로운 즐거움을 준다. 평일은 8시, 주말은 저녁 9시까지 운행하니 노을과 야경 감상도 제격이다.

출발점으로 가장 많이 찾는 북항 승강장, 유달산 정상 바로 아래 있는 유달산 승강장, 근사한 산책로와 전망대가 인상적인 고하도 승강장 등 세 군데에 승강장이 있다. 북항에서 출발해 고하도까지 왕복하는 것이 일반적이다. 다만 유달산에서는 하차할 수 없고 고하도까지 바로 가야 한다. 유달산 승강장은 고하도에서 내렸다가 돌아올 때만 이용할 수 있다. 고하도 산책과 유달산 등반까지 고려한다면 4시간 정도는 예상하는 게 좋다. 케이블카만 탄다고 해도 고하도나 북항 한 군데서는 반드시 하차 후 재탑승해야 하므로 대기 시간을 고려해 2시간은 잡아야 한다.

편도 3.2km, 탑승 시간 15분 정도로 국내 케이블카로는 꽤 장거리에 속한다. 북항 승강장을 출발하면 케이블카는 곧장 유달산 정상으로 다가간다. 바로 앞에서 정상 부근 능선을 따라 줄지어 선 기암괴석들을 자세히 살필 수 있다. 등산으로는 볼 수 없는 모습이라서 더 신기하다.

바다를 건너기 전 마지막 지주 타워는 유달산 상부와 고하도를 연결하는 중간에 있는 덕분에 155m의 높이를 뽐낸다. 프랑스 포마의 최신 설계와 첨단 공법의 집약체로 건설 당시 케이블 주탑 중 세계에서 두 번째로 높은 것으로 알려졌다. 새파란 바다와 푸른 하늘을 배경으로 하얀 캐빈과 빨간 캐빈이 번갈아 지난다. '안녕, 유달산' '목포 참 좋다' '공중산책'같이 캐빈 유리창에 적힌 짧은 문구가 하늘에 새겨진다. 케이블카로 바다 위를 지날 때 마치 한 마리의 커다란 새가 되어 바다를 날아가는 기분이다. 바닥까지 투명한 크리스털 캐빈의 경우 공중에 떠 있는 생생함이 더 짜릿하게 느껴진다.

　고하도 승강장에 내리면 고하도 전망대를 꼭 방문할 것. 시간과 체력이 된다면 해안 산책로도 추천한다. 전망대는 판옥선을 13층으로 쌓아 놓은 형상으로 건설됐다. 층마다 판옥선과 이순신, 목포의 문학인, 대중가요 등 소소한 전시를 두었다. 이순신 장군은 명량대첩을 승리로 이끈 후 고하도에서 106일 동안 머물며 군대를 재정비했다고 한다. 전망대 꼭대기에 오르면 고하도 해안과 바다, 멀리 시가지 전망이 한눈에 들어온다. 일몰 포인트로 고하도 전망대, 케이블카 안, 유달산 승강장을 들 수 있는데 고하도에서 유달산 승강장으로 가는 케이블카 안에서 일몰을 맞이하는 게 최고다.

목포 근대역사관 1관

1898년 목포에 일본영사관이 설치되었고, 영사관 용도로 쓰기 위해 1900년에 완공한 건물이다. 목포 시가지가 내려다보이는 유달산 자락의 언덕배기에 일본 오사카에서 가져온 붉은 벽돌을 쌓아 지은 고풍스러운 근대식 건축물이다. 이후 목포이사청, 목포부청사로 사용되었고, 해방이 된 다음에는 목포시청, 시립도서관, 목포문화원 등으로 쓰였다. 2014년부터는 목포의 개항과 근대 역사를 전시하는 근대역사관으로 사용 중이다. 층마다 영국산 타일과 이탈리아산 대리석으로 장식한 벽난로가 원형 그대로 남아 있고 영사관 건물 뒤에는 태평양전쟁 당시 팠던 대형 방공호도 볼 수 있다.

주소 전남 목포시 연산로 29번길 6 | **문의** 061-242-0340 | **입장료** 2,000원(성인)

여수 | 여수해상케이블카

아시아에서는 홍콩, 싱가포르, 베트남에 이어 네 번째로 바다 위를 통과하여 건설된 해상케이블카다. 여수 원도심이 가까워 낭만포차거리, 고소동 벽화마을, 종포해양공원, 장군도 등을 감상할 수 있다. 시간을 잘 맞추면 여수의 노을과 야경, 낭만적인 밤바다까지 볼 수 있다.

주소 전남 여수시 돌산읍 돌산로 3600-1 | **문의** 061-664-7301
이용료 대인 17,000원 소인 12,000원

부산 | 송도해상케이블카

우리나라 1호 공설해수욕장인 송도해수욕장 옆 송림공원에서 암남공원까지 바다를 가로지르며 길이는 1.62km다. 부산 시가지와 송도해수욕장, 바다와 솔숲, 송도구름산책로와 용궁구름다리 등 드라마틱한 풍광이 눈길을 사로잡는다. 탑승장 건물 내 어트랙션도 흥미롭다.

주소 부산 서구 송도해변로 171 | **문의** 051-247-9900 | **이용료** 대인 17,000원, 소인 12,000원

화성 | 제부도해상케이블카 서해랑

화성시 전곡항과 제부도를 잇는 새로운 하늘길이다. 전곡항에 설치된 요트 항구의 이국적인 풍광과 썰물이면 바다가 갈라지는 제부도의 신비로운 모습도 케이블카에서 내려다볼 수 있다. 케이블카 승강장 건물에 마련된 갤러리에서 볼 만한 전시가 수시로 개최된다.

주소 경기 화성시 전곡항로 1-10 | **문의** 1833-4997 | **이용료** 대인 19,000원, 소인 15,000원

춘천 | 삼악산 호수 케이블카

총 길이 3.6km 국내 최장 케이블카로 2021년 10월 개장했다. 삼천동에서 출발해 의암호를 가로질러 삼악산 정상까지 약 18분 소요된다. 상부 승강장에서 10분 거리에 있는 스카이워크에 서면 의암호와 붕어섬, 레고랜드, 춘천대교 등 멋진 풍광이 눈길을 사로잡는다.

주소 강원 춘천시 스포츠타운길 245 | **문의** 1588-4888 | **이용료** 대인 23,000원, 소인 17,000원

제천 | 청풍호반케이블카

청풍호의 그림 같은 풍경을 내려다볼 수 있는 케이블카로 청풍면 물태리에서 비봉산 정상까지 2.3km 길이다. 파노라마로 펼쳐지는 풍경이 기가 막힌 전망대와 포토 존, 카페 등이 있어 사진 찍기 좋다. 패러글라이딩 이륙장, 모노레일 탑승장도 이용할 수 있다.

주소 충북 제천시 청풍면 문화재길 166 | **문의** 043-643-7301
이용료 대인 18,000원, 소인 14,000원

서울
락스타클라이밍

.

온몸으로 삼지점 만들고
오르고 올라라!
성취감과 희열을 내 손에!

#어디까지올라봤니 #나의힘만으로 #온몸의근력을써서 #균형잡기
#노화방지에좋아요

• Info •

주소 서울 송파구 백제고분로 435 예스빌딩 B1 | 문의 010-4103-0819
운영시간 11:00~23:00 | 휴관 격주 금요일
이용료 1일 체험 30,000원
할인 회원 할인

• 락스타클라이밍 •

• 안전하게 •

시계, 목걸이 등 액세서리 일체 착용 불가
센터 내 뛰거나 장난 금지
완등 후 뛰어내리기 금지
부상 방지를 위해 스트레칭 충분히 하기

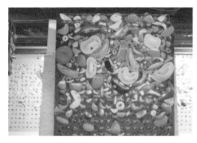

스포츠 클라이밍은 인공 암벽에 설치된 요철(홀드)을 잡고 벽을 오르는 운동이다. 스포츠 클라이밍의 가장 큰 매력은 성취감이다. 홀드를 잡고 한 단계, 한 단계 오를 때마다 느끼는 희열은 경험해 본 이만 안다.

대부분의 클라이밍장에는 '일일 체험 수업'이 마련돼 있다. 집과 가까운 실내 클라이밍장을 찾아 강습을 예약하면 된다. 강습 시간에 맞춰 방문하면 먼저 암벽화를 대여해 준다. 암벽화는 암벽을 디딜 때 발끝에 힘이 잘 실리도록 앞부분이 뾰족하고 딱딱하게 되어 있다. 처음 신을 때는 엄지발가락을 제대로 펴지 못할 만큼 상당히 불편하다. 불편하다고 넉넉한 신발을 신으면 미끄러질 위험이 있으니 주의해야 한다.

락스타 클라이밍에서는 간단한 준비운동을 마친 후 본격적인 수업이 시작된다. 클라이밍의 기본자세는 '삼지점'이다. 삼지점이란 양손으로 하나의 홀드를 잡고 두 발을 벌려 몸을 축 늘어트리는 자세다. 몸을 삼각형 모양으로 만드는 삼지점 자세는 몸의 무게중심을 손이 아닌 복근과 하체에 분산시켜 줌으로써 손의 힘을 줄여 준다. 흔히 클라이밍은 손의 힘을 많이 쓴다고 알고 있는데 손의 힘만으로는 암벽에서 오래 버티지 못한다.

기본자세가 익숙해지면 실전 코스인 볼더링 코스에 도전한다. 볼더링이란 아무 홀드나 잡아도 됐던 몸 풀기와 다르게 한 가지 색깔의 홀드만 사용해 완등 홀드(결승점)까지 도달해야 하는 종목이다. 처음 짚은 홀드가 빨간색이라면 빨간색 홀드만 짚고 또 밟으며 정상까지 올라가야 하는 것이다.

차근차근 다음 홀드로 손을 뻗으며 '할 만한데?'라는 생각이 드는 것도 잠시. 손아귀 힘이 점점 떨어지고 팔뚝이 점점 아파 온다. 이내 홀드를 놓치고 바닥으로 떨어지고 만다. 바닥에는 두껍고 푹신한 매트가 깔려 있어 높

충분한 휴식 후 재도전을 한다. '이번에는 기필코 정상까지 올라가리!' 멀리서 봤을 때는 촘촘하게 보이던 홀드가 막상 붙잡으려고 하니 손에 닿지 않을 만큼 멀게 느껴진다. 하나만 더 잡아 보자는 정신력으로 손을 뻗어 마지막 홀드를 잡는 순간! 해냈다는 그 성취감은 이루 말할 수 없다. 온몸의 근육들이 비명을 지르지만 성취감에 팔다리가 아픈 줄 모른다.

클라이밍은 전신 운동 효과가 뛰어나다. 오랜 시간 클라이밍을 하면 온몸의 잔근육이 발달돼 탄탄한 몸매가 만들어진다. 스포츠 클라이밍으로 몸 구석구석 숨겨 놓은 근육을 깨워 보는 건 어떨까? 특히 반복적인 웨이트 트레이닝이 지겨운 사람이라면 스포츠 클라이밍을 적극 추천한다.

석촌호수

실내 클라이밍장에서 벗어나 석촌호수에서 산책을 즐기자. 계절 따라 변하는 호수의 풍경을 보며 속 시원히 걷기 좋다. 울창한 수변 길에 들어서는 것만으로 가슴이 확 트인다. 지친 몸에 어느새 활기가 도는 듯하다. 밤이 되면 롯데타워와 롯데월드 등에 불이 들어온다. 서울의 랜드마크와 조화를 이루는 석촌호수 공원의 야경 또한 아름답다.

주소 서울 송파구 삼학사로 136 | **문의** 02-412-0190 | **입장료** 무료

광주(전남) | 바위 클라이밍 센터

높이 8m의 암벽을 보유하고 있다. 볼더링은 물론 허리춤에 줄을 매달고 높은 벽을 오르는 리드 클라이밍도 체험 가능하다. 주니어 강습 프로그램이 있어 아이들이 방문하기 좋다.

주소 광주 동구 예술길 31-15 지하 1, 2층 | **문의** 062-229-0510 | **이용료** 30,000원(일일)

부천 | 팍스 클라이밍센터

샤워실, 주차장, 실·내외 암장을 보유한 센터다. 트레이닝 공간이 별도로 마련돼 있어 클라이밍 전후로 운동 및 스트레칭을 할 수 있다. 정기적으로 암장의 난이도를 바꾸므로 시간차를 두고 재방문하기 좋다.

주소 경기 부천시 오정구 소사로 680 | **문의** 032-684-1722 | **이용료** 20,000원(일일)

인천 | 디스커버리 클라이밍 클라임스퀘어 ICN

2,324㎡(700평) 규모의 클라이밍 센터에는 15m 리드 클라이밍, 5m 볼더링 등 다양한 시설을 보유하고 있다. 시설이 넓은 만큼 다양한 프로그램을 운영한다. 어린이가 즐길 수 있도록 쉽게 설계한 이지-클라이밍 공간이 눈길을 끈다.

주소 인천 서구 완정로 70 | **문의** 032-715-5014 | **이용료** 20,000원(일일)

용인 | 경기 레포츠 클라이밍

총 4개의 클라이밍 존이 있으며 안내 데스크, 라커룸, 샤워실, 클라이밍숍 등의 편의 시설을 갖추고 있다. 이용자들은 수준에 따라 구역별 특징과 난이도를 선택해 즐길 수 있다. 어린이 체험 학습장, 연인의 데이트 코스, 선수 및 숙련자의 연습장 등 다양한 공간으로 활용된다.

주소 경기 용인시 기흥구 흥덕1로 13 | **문의** 031-233-7467 | **이용료** 20,000원(일일)

홍천 | 영남알프스 국제 클라이밍 센터

20개 코스를 등반할 수 있는 대규모 인공암벽장이다. 대회 규정에 맞게 설립돼 각종 국내 경기 대회가 유치되는 곳이다. 실내는 고정식 및 가변식 인공 암벽, 실외에는 난이도 코스 6면, 스피드 코스 4면, 볼더링 코스 10면 등으로 구성돼 있다. 체험 프로그램은 주말과 공휴일만 운영하며 10:00, 14:00 하루 2회 60분간 진행된다. 사전예약이 필수다.

주소 강원 홍천군 홍천읍 태학여내길 31-1 | **문의** 0507-1438-1773
이용료 3,000원 (일일/성인/평일)

#32 패러글라이딩

경기 양평
미래항공 스포츠

∙

바람에 몸을 맡긴다
태어나서 처음
짜릿한 하늘 여행

#맞아하늘나는거 #교관과함께 #바람을타고 #산위에서날아 #순식간에착지

∙ Info ∙

주소 경기 양평군 옥천면 동막길 49 | 문의 031-774-8478
운영시간 00:00~24:00 | 휴관 연중무휴(기상 악화 시 운행 중단 가능)
이용료 기본 코스 140,000원, 다이내믹 촬영코스 160,000원
할인 단체 할인

∙ 미래항공 스포츠 ∙

· 안전하게 ·

심혈관 질환 및 공황장애 등
한 달 안에 수술자 및 골절 환자 체험 불가
20kg 미만 100kg 이상 체험 불가
모자, 머플러 및 액세서리 착용 금지
우천, 강풍, 혹한 등 기상 악화 시 체험 지연, 연기, 취소 가능

양평 유명산 활공장의 고도는 860m다. 국내 패러글라이딩 활공장에서도 상위권에 속하는 높이다. 비행을 즐길 수 있는 시간은 바람과 같은 날씨의 영향을 많이 받는다. 여기에 높은 고도라면 길이가 길어지는 셈이니 비행시간이 조금 더 늘어날 수 있다.

패러글라이딩 체험 예약은 방문 전 인터넷으로 하면 편리하다. 원하는 날짜와 시간을 고른 후 예약금을 입금하면 예약이 완료된다. 상품 코스는 현장에서 결정하고 잔금을 지불한다. 체험자는 예약한 시간에 맞춰 활공장 사무실로 간다. 체험 비행 신청서를 작성하고 비행복으로 갈아입은 후 교육 영상을 시청하면 활공 준비가 끝난다.

본격적인 비행을 위해 파일럿과 함께 4륜구동 트럭을 타고 유명산 정상으로 향한다. 울퉁불퉁한 비포장 산길을 따라 30분 정도 이동한다. 멀미가 걱정된다면 사무실에서 미리 멀미약을 복용하자. 산으로 향하는 동안 긴장이 극도로 고조된다. 하늘을 나는 것은 두려운 일이다. 파일럿은 정상에 오르는 내내 활공장 에피소드를 들려주며 즐거운 분위기를 이끈다. 두려움이 슬금슬금 올라오는 체험자의 긴장을 풀어 주기 위해서다.

웃고 떠드는 사이 정상에 도착한다. 비행복 위에 무릎 보호대를 착용하고, 헬멧을 쓴다. 그리고 대망의 하네스를 착용. 하네스는 배낭형 의자로 비행 중에 편안한 자세를 유지하도록 도와주고, 완충장치가 내장돼 있어 착륙 시 신체를 보호하는 역할을 한다. 파일럿이 착륙장과 무전 교신을 나누며 아래쪽 하늘 상황을 체크한다. 착륙장에서 비행해도 된다는 사인이 떨어지면 비행 준비가 완료된다.

이륙 방법은 간단하다. 파일럿이 그만 뛰라고 할 때까지 앞으로 계속 달리면 된다. 주의할 점은 위로 점프하는 것이 아니라 앞을 향해 달려야 한다는 점이다. 땅인지 허공인지 구별할 겨를도 없이 발을 계속 구르다 보면 등에 달린 패러글라이더가 펼쳐지며 어느새 공중에 떠오른다.

지상에서 발이 떨어지고 두려운 마음이 조금 가라앉으면 비로소 두 발 아래로 세상이 보인다. 시야가 좋은 날에는 서울 롯데타워와 인천 송도 무역센터까지 두루 구경할 수 있다. 수도권에 위치한 덕분이다.

양평 패러글라이딩은 준비부터 비행까지 총 45분 정도 소요된다. 산길 이동이 30분 정도이니 실제 비행은 10분 남짓이다. 코스는 가장 기본 코스인 일반 활강 코스, 상승기류를 이용해 해발고도 2,200m까지 오를 수 있는 상승기류 코스, 상하좌우로 움직여 짜릿한 다이내믹 코스 등이 있다. 날씨의 영향을 많이 받는다는 점을 꼭 기억하자. 안전요원과 직원의 지시를 반드시 따라야 하는 것은 물론이다. 모든 즐거움 앞에 안전이 최우선, 1순위인 것은 아무리 강조해도 넘치지 않는다. 하늘을 나는 순간이지 않은가.

서후리숲

하늘을 날며 멀리서 경치를 즐겼다면 이제는 양평의 내밀한 풍경을 속속들이 들여다볼 차례! 양평 10경 중 하나인 서후리숲은 대규모의 수목원이다. 자연 그대로의 숲을 모토로 꾸며져 있어 원시림에 들어온 듯 착각이 든다. 한 시간 정도 걸으면 자작나무가 빽빽하게 들어찬 숲이 펼쳐진다. 하늘을 향해 시원스럽게 쭉쭉 뻗은 자작나무 숲은 보는 것만으로 움츠러든 어깨가 한껏 펴지는 기분이다. 온몸의 긴장을 풀고 숲의 정기를 가득 마셔 보자. 하늘을 날았던 황홀경은 땅의 기운으로 잠잠해진다.

주소 경기 양평군 서종면 거북바위1길 200 | **문의** 0507-1369-2387
입장료 8,000원(일반)

단양 | 패러마을

단양 패러글라이딩은 양방산 활공장에서 진행한다. 양방산 일대는 비가 내리는 날이 적고 급격한 날씨 변화가 드물어 연평균 300일 정도 비행이 가능하다. 또 양방산은 그날그날 바람이 부는 상황에 따라 활공장 양쪽으로 이륙하는 방향을 바꿀 수 있다. 매일 같은 장소에서 패러글라이딩을 즐겨도 지루하지 않다.

주소 충북 단양군 가곡면 사평리 246-6 | **문의** 043-421-3326 | **이용료** 89,900원(기본 코스)

여수 | 국가대표 패러글라이딩

전남 여수에 위치한 패러글라이딩 비행업체다. 현직 국가대표 선수가 직접 운영 및 지도하며 전 현직 국가대표 선수 강사진들로 구성되어 있다. 여수 바다를 배경으로 체험이 진행되며 체험자 개인의 취향에 맞는 코스를 선택할 수 있다.

주소 전남 여수시 망양로 225 | **문의** 010-6540-6541 | **이용료** 99,000원(기본 코스)

군산 | 패러글라이딩 스쿨

군산 오성산에서 즐기는 패러글라이딩으로 군산역 인근에 위치한다. 오성산 활공장은 주변에 높은 산이 없어 탁 트인 시야를 자랑한다. 이륙하면 발 아래로 금강과 서해의 아름다운 풍경이 펼쳐진다. 커플 코스 패키지가 있고 예약이 필수다. 군산역이나 군산시외버스터미널에서 편도 무료 픽업이 가능하다.

주소 전북 군산시 성산명 마동1길 5-22 | **문의** 010-8643-9848 | **이용료** 85,000원(기본 코스)

대천 | 국가대표 패러글라이딩

바닷바람이 적당히 불고 장애물이 없는 드넓은 대지에 위치해 초보 패러글라이딩 체험자들이 많이 찾는 명소다. 가을의 하이라이트로 옥미봉의 적정한 상승기류에 몸을 싣고 노랗게 물든 들판을 내려다볼 수 있는 점이 특징이다.

주소 충남 보령시 남포면 창동리 224-1 | **문의** 010-3045-2389 | **이용료** 120,000원(기본 코스)

영월 | 패러글라이딩

800m 높이의 봉래산은 전국 대회를 유치할 수 있는 연면적 1,050㎡ 규모의 활공장을 갖췄다. 오랜 세월 물줄기가 흐르며 만들어 낸 독특한 지형인 한반도 지형을 감상하며 하강할 수 있다. 별마로 천문대 인근에 위치해 함께 다녀오기 좋다.

주소 강원 영월군 영월읍 제방안길 54 | **문의** 0507-1312-5627 | **이용료** 100,000원(기본 코스)

서울
국립항공박물관

무한의 우주를 만나는 행복한 시간
밤하늘의 별처럼 빛나는 상상력
ET를 만날지도

#신남여행 #어디까지갈까 #난우주다녀올게 #상상이불러오는
#더욱신나는세상 #그래여기우주

• Info •

주소 서울 강서구 하늘길 177 | 문의 02-6945-3198
운영시간 10:00~18:00 | 휴무 매주 월요일, 1월 1일, 설·추석 당일
이용료 무료 (체험교육 무료·유료)
할인 어린이 및 청소년, 국가유공자, 군경, 장애인, 경로우대자, 기초생활수급자 등

• 안전하게 •

박물관에서 뛰어다니지 않기
전시물에 손을 대는 행동 금지
사진 촬영 시 플래시, 삼각대, 셀카봉 사용 금지

2020년 7월 5일 개관한 국립항공박물관은 국내 최초로 선보인 항공 분야 국립박물관이다. 개관일을 '7월 5일'로 정한 건 100년 전 그날, 미국 캘리포니아의 윌리우스에서 우리나라 최초의 한인비행학교(K. A. C. : Korean Aviation Corps)가 정식 개교했기 때문이다. 한인비행학교 개교 100주년에 맞춰 개관한 국립항공박물관은 그래서 더 의미 있는 공간이다.

국립항공박물관 관람은 1층 항공역사관에서 시작한다. 바람에 실려, 혹은 더운 공기에 의존해 하늘을 날고자 했던 인간들의 다양한 도전에 대해 살펴볼 수 있다. 조선 시대에 만들어진 비거(飛車)와 레오나르도 다 빈치가 스케치로 남긴 오르니숍터 같은 비행체 모형이 전시됐다. 1903년 인류 최초로 동력 비행에 성공한 라이트 형제의 복엽기도 한자리 당당히 차지하고 있다. 유인 비행에 최초로 성공한 몽골피에 형제의 열기구 이야기와 수소를 이용한 유선형 기구 체펠린의 비행선 이야기도 꼼꼼히 읽어 볼 만하다.

국립항공박물관의 체험시설은 항공박물관을 항공박물관답게 만드는 공간이다. 항공 체험이 그게 그거라고 생각하면 큰 오산이다. 국립항공박물관에서 진행하는 체험 프로그램은 수준이 다르다. 블랙이글탑승 체험이나 항공레포츠 체험처럼 누구나 가볍게 즐기는 체험과 1시간 이상 걸리는 조종관제 체험과 기내훈련 체험이 있다. 조종관제 체험은 인천국제공항 관제실을 재현한 공간에서 관제사 역할을 수행하고, 보잉 747-400 여객기의 조종석에 앉아 비행기를 직접 움직여 볼 수 있다. 은퇴한 베테랑 관제사와 조종사가 교관으로 함께해 체험 수준이 상당히 높다. 조종 체험은 이륙과 비행 그리고 착륙까지 비행의 전 과정을 경험한다. 항공·기내안전 교육, 비상탈출훈련 등으로 구성된 기내훈련 체험은 승무원을 꿈꾸는 아이들의 직업 체험으로도 손색이 없다.

서울식물원

서울식물원은 마곡도시 개발지구에 자리한 도심형 식물원이다. 국내 최초의 보타닉 공원을 표방하는 공간답게 영국 에덴프로젝트, 싱가포르 보타닉가든처럼 공원과 식물원을 결합한 형태로 조성됐다. 축구장 70개 크기인 서울식물원은 열린숲, 호수원, 습지원, 주제원으로 공간이 나뉘는데, 열린숲, 호수원, 습지원이 공원으로서의 기능에 무게를 둔다면 온실과 주제 정원을 품은 주제원은 식물원으로서의 역할을 담당한다. 연중무휴로 일반에 개방하는 열린숲, 호수원, 습지원과 달리 주제원은 유료로 운영된다. 서울식물원의 랜드마크인 주제원 온실은 세계에서 하나뿐인 접시 모양 온실로도 유명하다.

주소 서울 강서구 마곡동로 161 | **문의** 02-2104-9716 | **입장료** 5,000원(성인)

강화 | 옥토끼우주센터

우주, 공룡, 로봇이 어우러진 과학문화콘텐츠 공간이다. 우주를 테마로 꾸민 우주과학박물관과 공룡과 로봇 모형, 사계절 썰매장 등을 갖춘 야외테마공원으로 구성됐다. 노출콘크리트와 스테인리스 그물망으로 지어진 높이 약 37m로 총 4층의 나선형 건물이다.

주소 인천 강화군 불은면 강화동로 403 | **문의** 032-937-6917 | **입장료** 16,000원(성인)

고양 | 한국항공대학교 항공우주박물관

한국항공대학교에서 운영하는 박물관으로 과학적 이해를 높이는 전시물과 체험 위주로 꾸며졌다. 전시관에는 항공역사존을 비롯해 항공기 모델을 전시하는 체험존, 멀티미디어 영상실과 항공대존, 다양한 로켓 모형을 전시하는 미래우주존이 있다. 옥외전시장에는 대한항공의 15번째 항공기인 A300 항공기를 전시한다.

주소 경기 고양시 덕양구 항공대학로 76 | **문의** 02-300-0114 | **입장료** 3,000원(성인/견학프로그램 별도)

고흥군 | 나로우주센터 우주과학관

우주의 기본 원리, 로켓, 인공위성, 우주탐사 등을 테마로 꾸민 상설전시관을 갖췄다. 90여 종의 전시품 가운데 32종은 직접 조작해 볼 수 있는 작동 체험형 전시물이다. 3D, 4D 영상관을 운영하며, 로켓광장, 포물면 통신, 태양정원 등으로 꾸며진 너른 야외전시공간도 있다.

주소 전남 고흥군 봉래면 하반로 490 | **문의** 061-830-8700 | **입장료** 3,000원(성인/체험프로그램 별도)

사천 | 항공우주박물관

상설전시관에는 우주산업의 미래를 보여 주는 항공우주관, 6·25전쟁에 관한 유물을 전시한 자유수호관, 대한민국과 세계의 항공산업 분야의 특수 목적기 등을 보여 주는 항공산업관 등으로 꾸며졌다. 야외전시장에는 퇴역 항공기 9대를 비롯해 한국전쟁에서 사용된 전차, 화포, 전투기, 수송기 등을 전시한다.

주소 경남 사천시 사남면 공단1로 78 | **문의** 055-851-6565 | **입장료** 5,000원(성인)

서귀포 | 제주항공우주박물관

항공과 공군, 천문학과 은하계를 아우르는 아시아 최대 규모 항공우주박물관이다. 최첨단 기술과 멀티미디어를 활용한 체험형 전시물을 갖췄다. 엔진 분해, 조종석 탑승, 대형 스크린으로 즐기는 영상, 인터랙티브 테이블 및 시뮬레이션 체험 등 다양한 재미요소가 있다.

주소 제주 서귀포시 안덕면 녹차분재로 218 | **문의** 064-800-2000 | **입장료** 10,000원(성인)

the YELLOW 신남 여행
여행작가들의 이야기

반짝반짝 빛나는 여행의 순간을 기록하는 여행자

—

김숙현

파랑을 좋아한다. 그래서 국어 발음 그대로 영자로 옮긴 'parang'을 많이 사용한다. 이메일이나 SNS의 아이디는 거의 다. 파란 하늘과 바다, 푸른 숲과 계곡, 여름비와 새벽 안개. 파란색은 내가 좋아하는 여행의 느낌이다. 노랑에서 파랑 이야기라니.

파랑과 맞닿은 노랑은 햇살이다. 눈부신 한낮이다. 반짝이는 생기, 깔깔거리는 웃음이다. 신난다. 이번 노랑 여행은 더없이 그러했다. 다양한 액티비티를 즐기는 동안 절로 웃음이 터졌고 끊이지 않았다. 즐거운 비명이 가득했다. 속에 갇힌 모든 것을 내질렀다. 허공에 몸을 던지고, 물살을 가르고, 바람을 느끼면서. 햇살처럼 눈부신 기쁨은 모두 내 것이 되었다.

걷고 머무는 차분한 여행이 취향인 줄 알았는데, 새삼 발견했다. 몸으로 부딪히는 짜릿한 재미는 나이 불문, 누구에게나 신난다는 사실을. 역시 생각만으로는 알 수 없다. 그러니 해 봐야 한다. 그러니 그대들도 즐기시길. 삶이 반짝하는 순간, 모든 고민이 허공에 흩뿌려지는 순간을.

오감 자극, 스릴과 모험을 추구하는 여행자

박진하

평범한 일상은 때로 지루하다. 가끔은 평범이라는 수평선의 기울기를 일부러 바꾸고 싶다. 익숙한 것에서 잠시 벗어나는 것만으로도 일탈이 주는 자유를 만끽할 수 있다. 여기 신나는 여행이 있다. 극강의 짜릿함을 즐길 수 있는 액티비티 여행은 무료한 날들도 신나는 하루하루로 만들어 주는 마법을 부린다. 다시 지루해질 때쯤 the YELLOW 신남 여행을 펼치면 그만이다. 신나는 여행을 떠나기 위해 평범한 일상을 보다 무난하게 지내는 것도 방법이다. 음식은 배고플 때 가장 맛있으니까.

신남 여행의 전제 조건은 안전이다. 자칫 방심해 사고가 발생하면 평범한 일상도 무너진다. 한순간이다. 여행을 떠나며 일상에서 받은 스트레스는 모두 떨쳐 버리고, 안전에 대한 경각심만은 주머니에 꼭 챙긴다. 여행 전 안전 정보를 꼼꼼히 확인하고, 여행 중에도 안전 수칙을 반드시 준수하자. 우리의 태양처럼 빛나는 여행을 위해!

여행이 천직인 생계형 여행자

정철훈

늘 행동이 앞선다. 일단 몸으로 부딪고 보는 스타일이고 보니 그만큼 시행착오가 많다. 여행도 예외는 아니다. 사회생활에서 시행착오는 단점일 때가 많지만, 여행에서는 예외일 때도 있다. 그게 온몸으로 부대끼며 체험하는 액티비티 여행이라면 더욱더. 그러니까, 이런 거다. 오십 평생 바다에선 튜브만 부여잡고 있던 사람이 어느 날 갑자기 서핑에 도전하는 것. 그리고 마침내 하얗게 부서지는 파도 위 보드에 잠시나마 두 발로 서 보는 것. 그 소름 돋는 경험은 당연하게도 시행착오 없이는 얻을 수 없다. 짜디짠 바닷물에 수없이 빠지고, 눈물 콧물로 바닷물을 몇 바가지 도로 쏟아 낸 시행착오의 결과다. '실패는 성공의 어머니'라는 명언을 진부하게 또 꺼내지 않더라도, 시행착오 뒤엔 성공의 짜릿한 희열이 마법처럼 찾아온다. 그러니 당신. 시행착오에 주눅 들지 마시길. 그리고 머뭇거리지 마시길. 이제, 당신은 성공을 목전에 두고 있으니까. 물론, 과유불급. 가끔은 빠른 포기가 답일 수 있다는 것도 잊지 마시길.

the YELLOW 신남 여행

초판 1쇄 발행	2024년 10월 22일
지은이	김숙현 박진하 정철훈
책임편집	김애진
사진 도움	여가콘텐츠
교정교열	정승혜
디자인	홍혜정

펴낸 곳	여가콘텐츠 FreeTimeContents
펴낸이	김애진
출판 신고	2017년 7월 31일 제2017-000010호
주소	인천광역시 미추홀구 경원대로 717
전화	0507-1367-2148
이메일	freetimec365@naver.com
인스타그램	@freetimecontents

여가로운삶

ⓒ김숙현 박진하 정철훈, 2024

ISBN 979-11-978377-4-6(13980)

여가로운삶 은 여가콘텐츠 출판사업부의 브랜드입니다.
이 책은 저작권법에 따라 보호받는 저작물이므로 무단 전재와 무단 복제를 금합니다.
이 책의 전부 혹은 일부를 이용하려면 반드시 저작권자와 여가콘텐츠의 서면 동의를 받아야 합니다.

* 잘못된 책은 바꿔드립니다.   * 책값은 뒤표지에 있습니다.

Next Rainbow series is
the GREEN